As Vinte e Nove Cartas
Laban, Uma Gramática
Poética Para Atores

5 COLEÇÃO
PERSPECTIVAS EM CENA

Supervisão de texto LUIZ HENRIQUE SOARES E ELEN DURANDO
Preparação de texto IRACEMA A. DE OLIVEIRA
Revisão de provas ELEN DURANDO
Capa e projeto gráfico SERGIO KON
Diagramação: A MÁQUINA DE IDEIAS/SERGIO KON
Produção RICARDO NEVES, SERGIO KON

Sônia Machado
de Azevedo

As
Vinte
e Nove
Cartas

Laban, Uma Gramática
Poética Para Atores

 PERSPECTIVA

CIP-Brasil. Catalogação na Publicação
Sindicato Nacional dos Editores de Livros, RJ

A988v
    Azevedo, Sônia Machado de, 1951-
    As vinte e nove cartas : Laban, uma gramática poética para atores / Sônia Machado de Azevedo. - 1. ed. - São Paulo : Perspectiva, 2020.
    120 p. ; 21 cm. (Perspectivas em cena ; 5)

    ISBN 978-65-5505-034-9

    1. Azevedo, Sônia Machado de, 1951- Correspondências. 2. Laban, Rudolf von, 1879-1958 - História e crítica. 3. Dança. 4. Artes cênicas. I. Título. II. Série.

20-66145   CDD: 792.8
                                                                                 CDU: 792.8

Leandra Felix da Cruz Candido - Bibliotecária - CRB-7/6135
25/08/2020   26/08/2020

1ª Edição
DIREITOS RESERVADOS À

EDITORA PERSPECTIVA LTDA.

AV. BRIGADEIRO LUÍS ANTÔNIO, 3025
01401-000 SÃO PAULO SP BRASIL
TEL.: (55 11) 3885-8388
WWW.EDITORAPERSPECTIVA.COM.BR

2020

Para J. Guinsburg, para sempre.

Para minha mestra querida Cybele Cavalcanti (in memoriam).

Para meu filho Amilton de Azevedo, meu primeiro leitor, por seus preciosos apontamentos e sugestões e por seu prefácio inesquecível.

Para todos os meus alunos e alunas de Práticas Corporais e do Núcleo de Pesquisa da Presença do Centro de Artes Célia Helena, especialmente os do ano de 2018, com quem pesquisei e escrevi. Vocês são e serão meu sempre renovado desafio e minha inspiração.

Sumário

De Onde Venho
13

Carta Para Minha Mãe (Ou Uma Espécie de Prefácio)
[Amilton de Azevedo]
15

A Título de Introdução: Uma Quase Carta
19

Primeira Carta, ou Quase
25

10 jan   **Primeira Carta:** Um Pouco Como Sonhar
29

20 fev   **Segunda Carta:** Primeira Aula
33

27 fev   **Terceira Carta:** Na Superfície da Terra
37

6 mar	**Quarta Carta:** Desenhando no Espaço dos Passos 41
13 mar	**Quinta Carta:** O Espaço e Seus Níveis 44
20 mar	**Sexta Carta:** Cuidar e Ser Cuidado 47
27 mar	**Sétima Carta:** Equilíbrio e Desequilíbrio 50
3 abr	**Oitava Carta:** As Quedas, ou Como Confiar 53
10 abr	**Nona Carta:** No Caminho do Outono 58
10 e 17 abr	**Décima Carta:** As Avaliações Individuais 60
24 abr	**Décima Primeira Carta:** O Trabalho Com Imagens: Água e os Bichos de Água 63
8 maio	**Décima Segunda Carta:** A Terra e Seus Seres 66

15 maio	**Décima Terceira Carta:** Os Bichos do Ar 70
15 maio	**Décima Quarta Carta:** O Fogo (O Elemento Que Veio do Vento) 72
20 maio	**Décima Quinta Carta:** Reflexões ao Final de um Domingo 75
27 maio	**Décima Sexta Carta:** Nosso Último Encontro Antes das Férias de Julho 78
	Décima Sétima Carta: A Que Não Foi Escrita Por Mim 80
10 ago	**Décima Oitava Carta:** Segundo Semestre 83
15 ago	**Décima Nona Carta:** Introdução Teórico/Poética ao Estudo das Dinâmicas do Movimento ou Ações Básicas do Esforço 86

22 ago	**Vigésima Carta:** Kinesfera e a Dinâmica do Deslizar 92
30 ago	**Vigésima Primeira Carta:** Empurrar/Puxar 95
6 set	**Vigésima Segunda Carta:** O Torcer 97
12 set	**Vigésima Terceira Carta:** Socar/Bater/Chutar 99
13 set	**Vigésima Quarta Carta:** Tempo de Flutuar, ou Caminhando Para a Primavera 102
20 set	**Vigésima Quinta Carta:** Pontuar, ou uma Viagem à Infância 105
27 set	**Vigésima Sexta Carta:** Tempo do Chicotear, ou o Prenúncio das Grandes Tempestades dos Finais de Tarde (As Nossas e as da Terra) 107
4 out	**Vigésima Sétima Carta:** Sacudir, ou a Leveza de Se Deixar Ir Para Todos os Lados em Loucas Ventanias 110

11 out **Vigésima Oitava Carta:** Deixando Que Nasçam Nossos Solos Finais

112

10 jan **Vigésima Nona Carta:** A Importância das Avaliações Individuais e Presenciais, ou Afinal, o Que é Uma Avaliação em Corpo?

115

Referências

119

De Onde Venho

Décadas atrás, num congresso, me perguntaram como comecei a dançar, onde e com quem eu havia aprendido.

Num relance, me vi criança, girando quase sem roupa nas fortes chuvas de verão de um dia muito quente, me vi fugindo de uma vaca brava e correndo por um pasto que parecia sem fim e me vi, por último, pendurada num dos galhos mais altos da mais alta mangueira do meu sítio.

Então respondi assim: "Aprendi a dançar com a natureza, quando eu era bem pequenina. Nas chuvaradas, eu dançava na tempestade, caminhava pelas pedras lisas do rio sem escorregar, balançava nos galhos das árvores sem nunca cair e corria entre as folhas secas das jabuticabeiras, dançando o silencioso som da terra."

Houve certo murmúrio no auditório, e a pessoa que me havia feito a pergunta pareceu incomodada. Então repetiu: "Mas a dança, com quem você aprendeu?" Olhei sua postura ereta, seus ombros tensos, seu maxilar endurecido e não resisti: "Aprendi com a liberdade", disse-lhe.

A liberdade vinha da minha infância e tinha o rosto da minha mãe. E a liberdade era também Laban, que tive a sorte de encontrar muito jovem, e a cujo método sempre me dediquei, porque com ele era como continuar brincando no quintal de uma infância infinita.

Carta Para Minha Mãe

(Ou Uma Espécie de Prefácio)

A chuva que cai do lado de fora, mamãe, me faz pensar que esse é um daqueles dias em que a passagem do tempo só é percebida no relógio. Enquanto leio suas cartas, tenho a sensação de que, mesmo que escritas ao longo de um ano de aulas para turmas novas do Célia Helena, elas também são endereçadas a mim. É bonita essa espécie de dualidade tão presente aqui nestas páginas: as cartas são para aquelas alunas e aqueles alunos; mas também são para todas e todos que as lerão. Ah, e o Laban? É, ele está lá. Contudo, há em suas palavras muito mais do que uma gramática para atores. Elas parecem não só versar sobre a vida, mas carregar em si próprias tremenda vitalidade.

Sabe, mamãe, quando eu estava deitado na rede, te vi de soslaio meditando ao meu lado. Este ano não tem sido fácil para nós, mas quando você me convida a sentir o cheiro da massa de bolinhos de chuva é impossível não lembrar o quão bonita a vida é. Não que, ao ler suas cartas, seja possível esquecer disso por um momento sequer.

Eu não preciso nem dizer de novo o quão pouco lembro da minha infância – nem você comentar que acha isso triste, de algum modo. Pois sei que a memória é também invenção a cada resgate (e nem por isso menos verdade) e assim tantas vezes recriei meus dias por meio de nossas conversas. Lendo suas cartas, mamãe, reinventei uma memória real, de quando eu dançava aprendendo a andar, rodopiando por corredores.

Hoje minha fé dança e ela me reconecta ao meu corpo, dizendo-me um tanto sobre mim que, por vezes, esqueci – ou nunca soube. A arte, mãe, como você a entende e me ensinou a ver, também tem esse poder libertário. A liberdade não se dissocia da responsabilidade constante de se manter em estado de descoberta. Sabe, mamãe, o que eu quero dizer nessas poucas palavras é que te ler é redescobrir o que há de seu em mim. E mais do que isso. Te ver existindo me lembra do bonito de viver. Essas suas cartas são uma declaração de amor à vida, como eu te disse. Há uma imensurável generosidade de alguém que se coloca não como portadora de um saber a ser transferido, mas de alguém que se abre para o encontro e para os acontecimentos.

Quando fui seu aluno, corri, dancei, me lancei pelos cantos, me entreguei ao chão, me apaixonei pelo flutuar, fui um tatu-bola por um dia e sofri tanto com isso... Ler as cartas é revisitar pelo seu olhar esse arrebatamento que somos nós e nosso corpo.

Do seu modo, tendo Laban como estrutura, você cria um cortazariano "Manual de Instruções", não para construir uma aula ou nada tão organizado assim, mas para treinar o olhar e os sentidos todos para o que pode acontecer ao nosso redor (a todo momento).

Sua forma de escrita, essa prosa teórico-prática-poética ou algo assim, conduz o leitor aberto para o assombro por dentro dele, sem perder de vista o maravilhamento que é da natureza. Aliás, como são lindas suas imagens. É isso, não é um pós-doutoramento. Todo movimento nasce de um desejo, o Laban já dizia, né? Pois aqui o impulso toma a forma que ele exige. E, puxa, mamãe, você sabe o quanto de você eu tenho e o quanto o que você cria me afeta. Essas cartas são preciosas.

Para um destinatário ávido por respostas, talvez esse livro só lhe entregue mais perguntas e suspensões. Mas gosto de pensar que estamos sempre meio vazios de certezas e não me parece ruim ficarmos assim. Se bem que, olha... entre as linhas que descrevem aulas e contam histórias e narram memórias e desenham paisagens, entre o caminho que se fez e o que se fará junto, leio nessas páginas uma bela tentativa de colocar em palavras o indizível. A presença, essa coisa-conceito que é tão difícil de explicar, está em seus textos. Uma escrita presente, do presente, para o presente.

E, para terminar, como é lindo ver que mestres de outros tempos podem se tornar amigos com quem dialogamos. Como é lindo costurar, em fluxo, pensamentos tão diversos de tantos autores; reconhecer o quanto quem veio antes também caminha ao nosso lado. E reconhecer que a caminhada se faz no caminhar. O Paulo Freire, um desses com quem sempre converso, diz que o bonito de ser gente é o inacabamento. E é isso mesmo. A gente segue se descobrindo, se inventando, se confrontando, porque a gente é abismo. A gente é muita coisa, o outro é mais ainda; o universo, então...

Aí, cá estou eu, no meu trigésimo ano, escrevendo essa que é como que uma trigésima carta. Em 1989, comigo na barriga, você dissertou de forma ampla e profunda sobre o papel do corpo no corpo do ator. Agora, em 2019, comigo ao seu lado, você transborda fluidamente seus saberes e seus não saberes.

Ah, eu queria terminar essa carta com um provérbio zen. Ele me parece dizer muito sobre o que é o estudo do corpo para você; suas aulas, seu escrever, seu viver, mamãe.

"Antes de estudar Zen, as montanhas são montanhas e os rios são rios; enquanto se estuda o Zen, as montanhas já não são montanhas e os rios já não são rios; mas quando alcanças a iluminação, as montanhas são novamente montanhas e os rios, novamente rios."

Com um imensurável e infindável amor,

Amilton de Azevedo

A Título de Introdução

Uma Quase Carta

Há alguns anos penso em escrever sobre o trabalho prático que sigo desenvolvendo após a conclusão da minha dissertação sobre o corpo do ator. Essa dissertação, defendida na Universidade de São Paulo em 1989, enquanto estava grávida do meu terceiro filho, só veio a público em forma de livro em 2002, editado pela Perspectiva com o nome *O Papel do Corpo no Corpo do Ator*. Pouca coisa foi alterada desde sua defesa até a publicação: acrescentei datas, novos trabalhos realizados e atualizei notícias das áreas abordadas enquanto preparava o livro para a primeira edição, mas sua essência permaneceu a mesma.

Desde o final dos anos 1990, segui investigando a profunda influência dos princípios orientais, especialmente os zen-budistas, em toda a arte ocidental, com ênfase especial no teatro e dança contemporâneos e no treinamento de atores e *performers*.

Pensei em escrever mais sobre o trabalho corporal e seus princípios advindos do *tai chi*, yoga, *do in* e de artes marciais milenares. Pensei também em dar destaque à meditação em suas muitas formas, refletindo sobre os benefícios imensos que ela traz para alunos iniciantes como caminho para a imersão no universo de si mesmos, na autopercepção de um eu no mundo.

Ao longo das últimas décadas, muitos estudos preciosos foram divulgados a respeito do assunto e a tudo acompanhei. O tempo foi passando e fui adiando essa escrita, achando talvez que não tivesse mais muito a acrescentar ao panorama dos estudos da presença. Outros desejos e necessidades foram surgindo e fui colocando de lado o registro, a reflexão e o compartilhamento dessa pesquisa. Mas segui pensando em um corpo que se coloca como objeto de arte, como arte em si mesmo: o corpo do intérprete. Arte de viver sua vida encarnada, arte de ser arte simplesmente, ao se revelar em forma e exterioridade. Atualmente desenvolvo, com cada vez mais resultados, esse trabalho no Núcleo de Pesquisa da Presença (NPP) do Célia Helena – Centro de Artes e Educação, onde leciono.

Continuo a observar o corpo/rosto das pessoas, imaginando como vivem suas vidas e como esse viver vai desenhando seus corpos, seus hábitos e suas dinâmicas, que deixam ver o caminho interior de seus impulsos. Leio posturas, gestos, tiques e expressões faciais em contínua mudança. Converso com as pessoas que encontro sobre as histórias de suas vidas, os caminhos que levaram seus corpos a terem o desenho que têm. Tenho fascínio por essa interminável leitura que parece trazer as pessoas para bem junto de mim, para dentro de mim em pensamento e afeto.

Durante todo esse período, continuei minha investigação, que se aproximava mais e mais de um olhar receptivo sobre o outro, sobre as pessoas imersas no cotidiano, sobre cada um dos meus alunos e, no fundo, sobre eu mesma. E esse olhar, cada vez mais delicado e atento, foi sendo trabalhado pela filosofia zen que passei a estudar e praticar cada vez mais, especialmente com a prática do *tai chi* e a meditação.

O esvaziamento que a meditação traz pode facilitar a escuta do outro em sua perplexidade frente ao mundo, em seu susto, em sua inquietação e em suas vidas mais ou menos enigmáticas. Porque, antes de qualquer coisa, auxilia nossa própria escuta quando começam a cessar os pensamentos vertiginosos que nos acompanham quase todo o tempo e que nos distanciam do contato direto com cada instante vivido[1].

---

1 Recomendo o belíssimo trabalho de Daniel Plá, que muito me inspirou: *Sobre Cavalgar o Vento: Contribuições da Meditação Budista no Processo de Formação do Ator*, tese (doutorado em Artes), Unicamp, Campinas, 2012.

Seu contínuo exercitar pode também ajudar na percepção daquela onda de energia que brota do simples fato de constatarmos a vitalidade de corpos em movimento ou daquela que brota cristalina e espontânea com o simples movimento da respiração, troca primeira e última com o mundo.

Na verdade, essa fina escuta do mundo, essa percepção que vai se desenhando com o tempo, deixa que a energia que trocamos com o exterior passe a fluir com mais liberdade, como acontecia apenas na primeira infância, quando nos encontramos bastante livres de tensões, proibições e injunções, e o pensamento ia se estruturando no e a partir do movimento, no prazer das primeiras e grandes descobertas.

A influência dos pensamentos e sentimentos sobre o corpo (pensando em cérebro, esqueleto, nervos, músculos, carne, sangue) vem sendo cada vez mais investigada, especialmente pela neurociência, uma das minhas fascinações atuais.

Mais uma vez, a existência de novas e incríveis tecnologias, como a ressonância magnética e a tomografia computadorizada, para citar apenas dois exemplos, vêm provar o que observadores e artistas afirmavam há milênios: a unidade corpo/mente e a profunda conexão entre pensamento, emoção e ação.

A absoluta união entre corpo, coração e mente (a unicidade do ser em si mesmo), no caso do Ocidente, começou a ser registrada e estudada no século XVIII por Delsarte.

Esse investigador incansável deu início a uma corrente de artistas e pesquisadores do corpo e da voz que chega até nossos dias. E de coreógrafos e diretores de teatro. Seus estudos, infelizmente, ainda são pouco conhecidos no Brasil por falta de traduções.

Pesquisadores das várias áreas, das ciências e artes e humanidades em geral, somos todos observadores da natureza. Os artistas do corpo e da presença são, ao mesmo tempo, investigadores de si mesmos e investigadores da natureza em suas infinitas formas de manifestação. Nas nossas aulas de práticas corporais, o que acontece é pura investigação!

Ao longo da história do corpo, das terapias, da medicina oriental, das artes marciais, da dança, das performances e do teatro, pode-se observar com fascínio essa estrada que, em sua maior simplicidade, extrai da natureza seus princípios e preceitos.

Tenho acompanhado nessas décadas o invisível que vai se desenhando em depoimentos e registros de estudiosos, em artigos, teses e livros, em espetáculos de palco e de rua. Sobretudo, tenho acompanhado de perto meus alunos, seus rostos e seus corpos, meu próprio corpo envelhecendo lentamente, suas marcas, seus sinais, que vão desenhando mapas indeléveis.

Tenho olhado com ternura esses mapas desenhados nos corpos dos que me cercam que contam essa história simbólica e visual que as palavras não podem contar. E que são indecifráveis à luz da razão. Mapas infinitos e enigmáticos sempre em fluxo.

Tudo isso me proporciona material de trabalho, visto que nunca consegui, de fato, separar vida e trabalho, vida e arte. Estou sempre trabalhando, estou sempre vivendo.

Pensei durante alguns anos em fazer um pós-doutorado, mas isso também foi deixando aos poucos de ser importante porque o tempo de viver/trabalhar tem me tomado todo o tempo que, me parece, anda passando rápido demais.

J. Guinsburg, em uma das nossas últimas e inesquecíveis conversas, concordou: "Você não precisa de nada, faça só o que tiver vontade". Devo a ele essas cartas, como de resto toda a minha produção intelectual.

A ideia de escrever cartas nasceu de incontáveis conversas nossas. Então vieram as aulas de 2018 e novos alunos chegando...

Penso já ter conversado com eles centenas de vezes em pensamento. A cada final de aula, a cada avaliação, eu saía com tantas perguntas que me deixavam maravilhada com as pessoas e suas vidas. Eram tantas as coisas que eu podia ter dito, pensando junto com eles, tecendo essa rede de certezas/incertezas, pequenezas e grandezas de que somos todos feitos.

A tentativa agora é de lembrar o que ficou de tantas e tantas horas pensando/vivendo com eles o caminho de volta a nós mesmos, e essa é apenas a primeira carta. Outras se escreverão na medida do desejo e da necessidade. Mas mesmo essa tentativa de lembrar não acontecerá, pois é passado. Tentarei escrever no fluxo deste ano letivo que começa, em meio à voragem que a passagem dos dias traz.

As cartas são o que se escreve entre amigos, ou entre aqueles com os quais se estabelecem relações de algum afeto e sinceridade. E são mais livres e pessoais por não obedecerem a calendários nem cobranças exteriores, são nascentes/olhos d'água que brotam do solo (do nosso corpo/terra), porque sempre chega a hora de deixar que percepções solitárias e pensamentos gestados em segredo saiam para o mundo como tentativa de tocar o outro, esse sempre estrangeiro que nos apaixona e inquieta, espelho do que somos, cada um de nós. Indecifráveis.

Primeira Carta, ou Quase

Quando comecei a trabalhar com o corpo do intérprete, nos anos 1970, eu tinha certezas. Antigamente a frase "o corpo fala" me deixava arrepiada de felicidade e tudo parecia muito simples. Havia coisas na nossa expressividade que precisavam ser conquistadas e, para isso, existia um caminho.

Não sei explicar de uma forma melhor o que digo do que concluindo que eu acreditava num "método". E que havia técnicas, muitas técnicas às quais devíamos nos submeter e que nos levariam a um certo aprendizado necessário ao bom desempenho nas artes da presença.

Agora, na amplidão deste trabalho que realizei por toda uma vida, as certezas vão cedendo lugar a um fascínio extremo pelo desconhecido que me rodeia e que eu nunca chegarei a conhecer.

Ao longo dos anos tenho acompanhado, na medida do possível, os inúmeros estudos sobre o corpo do intérprete, seus processos criativos, seus modos de produção e possíveis resultados investigativos, resultando em novas poéticas, novos nomes, novas técnicas, abordagens as mais diversas. No entanto, minhas maiores perguntas permanecem; não quero separar arte e processos de criação, corpo e poesia. Esse é o fato, preciso unir, não separar.

Em meu corpo moram tantas outras pessoas além de mim mesma: as que encontrei, conheci e escutei atentamente, aquelas com as quais dancei essa dança diária de encontros, conversas e silêncios, as que toquei, conhecendo mais e mais suas histórias, sobretudo as que não são facilmente colocadas em palavras e que moram abaixo da superfície da pele, em sutis esconderijos. E todas as pessoas amadas que perdi ao longo da minha vida. Algo em mim sempre teima em nascer. Sigo inquieta e curiosa, grávida de questões que se esboçam ora ou outra, como nebulosas que às vezes surgem no céu.

Pensei em escrever cartas porque as aulas são intensas e o espaço se amplia enormemente com perguntas explicitadas e muitas outras que flutuam no ar como um subtexto nunca respondido. E, escrevendo, posso refletir junto com o aluno/leitor e outros leitores sobre tudo isso. Não para apreender o inapreensível, mas para tentar desenhar ou cantar ou criar melodias sempre inacabadas com o que nos acontece, com o que nos afeta, com nossas histórias desenhadas e marcadas tão profundamente em nós que se transformam, ou não, em poesia.

Trabalhar com o corpo, próprio e do outro, é exatamente como escrever poesia, só que as palavras agora são os gestos e os desenhos que nascem e desaparecem em pleno ar no instante mesmo em que se formam. E, muitas vezes, jamais são repetidos. São como estrelas cadentes riscando vertiginosamente o céu. É trabalhar com o que está sempre passando, com o efêmero. E com a percepção do tempo transcorrendo e fluindo rumo a desconhecidos futuros.

E, mesmo assim, compreendendo às vezes, outras vezes não, ou mesmo sem quase nada saber, é que seguimos trabalhando: em ação, em desenhos com o corpo, em formas, contornos, deslocamentos e intensidades. Dançando como quem sonha apenas um pouco acordado. Em contato com o outro e em grupo sempre, pois compomos todo o tempo tudo aquilo que ultrapassa as palavras, porque não cabe nelas. Criando palavras-movimento. Momentos.

Porque o trabalho de corpo é o exercício de realizar impulsos interiores em formas mais ou menos claras, explicitadas. E isso é o mais puro Laban para mim (o meu Laban): estudar na prática os impulsos, os que nascem e os que impedimos de nascer; a relação chamada por ele de E/F – *Effort/Shape* ou Expressividade/Forma.

É exercício em plena liberdade no qual impulsos se manifestam ou são impedidos de se manifestar na conversa da gente com a gente mesmo e com os companheiros de pesquisa. Conversa real, conversa de verdade, na qual há espaço para alguma confiança e cumplicidade, na qual alguém escuta seu sangue correndo nas veias, o ar entrando e saindo dos pulmões, os arrepios vindos de algum lugar, o calor ou o frio. Uma imagem, talvez uma lembrança vinda de longe. E confia.

Porque o que acontece é o que simplesmente tem que acontecer. Parecemos e nos sentimos às vezes muito fortes e outras vezes tão desamparados!

E estamos todos trabalhando juntos, corpo a corpo, olho no olho, como não fazemos em nenhum outro momento das nossas vidas em sociedade. Em avanços e recuos, em saltos e quedas, em giros, no grande e no pequeno espaço. Em ritmos lentos ou rápidos, em mudanças pressentidas e preparadas, ou abruptas e súbitas. Experimentando o espaço, o tempo e a energia que nos movimenta rumo ao mundo exterior. E acompanhando com atenção o fluxo das ações, a fluência dos irrepetíveis instantes. Com entusiasmo e preguiça, com cansaço e energia, com desânimo e esperança. Como tiver que ser a cada dia. Como for possível. Porque não somos máquinas que podem ser programadas, somos gente e estamos sujeitos às infinitas variáveis das nossas vidas.

Devo dizer que dar aulas me coloca continuamente em risco, pois não tenho e nunca terei resposta para tantas questões que nascem, permanecem ou desaparecem com o correr dos meses, assim como não tenho respostas também para minhas próprias e sempre novas questões. E gosto disso. As certezas sempre me incomodaram e a normatização excessiva sempre me enlouqueceu.

Então pretendo refletir sobre o que nos acontece, o que nos atravessa o peito, alterando a respiração e acelerando o coração, o que fica em nós como registros fortes, como leves traços, como apenas uma sensação ou uma descoberta. Exatamente como são os sonhos. Sonhamos acordados, e o que tiver que ser lembrado será e o resto não terá mais importância nenhuma.

As aulas são vivências em espaços potenciais. Winnicott é um dos meus companheiros de jornada e me ajuda a pensar a criação artística e sua pedagogia[2].

Desejo refletir sobre o que sinto/sentimos, vivo/vivemos e como isso pode auxiliar no trabalho, pois é o que fazemos: um trabalho de artistas da cena, artistas que irão trabalhar em presença de outras pessoas, colocar-se em outras situações, reagir ao imprevisto, ao novo, ao sem fronteiras porque ainda não descoberto. Descobrir-se. Desvendar-se a cada encontro, a cada dia. Encontrar o que se oculta bem abaixo da linha da superfície.

Pedagogia e criação artística se completam quando as aulas partem de princípios claros de pesquisa e seguem rumo ao desconhecido da improvisação e da criação artística quando as regras inexistem e o importante é caminhar. Durante o percurso, vamos desbravando o caminho que desconhecemos enquanto o desenhamos. Penso ser isso um pouco do que fazemos.

E as aulas são simplesmente como a vida sendo vivida na maior plenitude possível, misturando dor, medo, amor e alegria. A vida é maior que as aulas. A vida é maior que a arte.

---

2   D.W. Winnicott (1896-1971) foi um pediatra e psicanalista inglês. Entre muitas obras de sua autoria, encontra-se um livro bastante elucidativo que se chama *O Brincar e a Realidade*, no qual trata do conceito de espaço potencial, que pode ser pensado como uma "terceira área do viver humano, uma área que não se encontra nem dentro nem fora do indivíduo, no mundo da realidade compartilhada" (p. 148).

1 10 jan
Primeira Carta
Um Pouco Como Sonhar

Minhas alunas. Meus alunos.

Sou uma pessoa que sempre sonha e que acorda com imagens de sonhos. Às vezes essas imagens ficam comigo por algum ou muito tempo, e eu me detenho a pensar nelas. Apenas pensar.

Para mim, as aulas de corpo são um pouco como sonhar. Um pouco como construir, junto com muitas outras pessoas, sonhos que são uma parte de cada um, mas que, ao final, pertencem a todos e a ninguém em particular. E que significam. Mesmo que não saibamos exatamente o quê.

Aulas de corpo são oficinas poéticas de criação, na qual todos são artistas/artesãos de si mesmos, experimentando curiosos limites, potências desconhecidas e toda a complexidade de que somos feitos: esse pedaço de matéria cósmica e única a que damos o nome de eu e que pensamos conhecer, mas lá no fundo, bem no fundo, nos enche de assombro, fascínio e inquietação.

Quem somos nós?

Quem somos nós morando nesse invólucro que se encolhe e expande a cada respiração, que sente calor ou frio, dor e prazer, que coça, arde, arrepia, que pode queimar, que deseja e leva a desejar, que sente prazer e alegria, medo e paz, atração e repulsa, que sente dor, que pensa e age, que vive e envelhece?

Que complexo sistema é esse que foi sendo construído há milhares e milhares de anos, pouco a pouco, junto com todos os outros longínquos sistemas nos quais moléculas se repelem e se atraem, num tempo que nos parece infinito, criando continuamente novos mundos? Que maravilhoso sistema é esse?[3] Quem somos nós quando temos pensamentos leves como o ar ou pesados como um céu numa tenebrosa tempestade de verão? Quem somos nós com certas emoções que chegam de repente ou se vão simplesmente como o vento?

Quem somos nós com corações que se aceleram e depois se acalmam sem que saibamos muito por quê? Com lágrimas que brotam e escorrem pelo rosto, traçando abertos e sinuosos pequenos caminhos? Com a respiração que varia tanto como varia também o ritmo de nossos corações? Com risadas que explodem do nada, sem que tenhamos antecipado sua chegada?

Como podemos perceber o que nos acontece a cada momento das nossas vidas? Como passamos nossas vidas? Como podemos escutar o que esse eu/corpo nos traz suave ou violentamente? Como podemos ouvir o tremor das suas entranhas, dos músculos e nervos, suas histórias, saber do suor, do susto, do amor? Ler o que nele se inscreve, escutar seus recados, entendê-los, prestar atenção?

E o que acontece conosco nesse tão complexo e conturbado mundo, se somos apenas uma gota de orvalho que existe num tempo definido e depois se extingue e evapora? Como podemos? Como podemos? Como pode nosso olhar passear por outros olhos, perceber outros corpos, existindo junto com tanta gente? Que precioso parece ser esse viver que nos foi dado!

No aqui e agora do tempo/espaço vivido, podemos nos olhar e deixar que esse olhar percorra cada um de nós. Um olhar que apenas olha. Um olhar "olho no olho". Mesmo. Que não espera, não provoca, não julga nem define o ser olhado. Um olhar que apenas silencia e, assim, vazio, escuta e vê. E que se deixa escutar e ver. Deixa que sejamos como somos no grande silêncio da nossa individualidade. Sem certo e errado. Sem modelos. Sem normas.

---

3 Recomendo a leitura dos livros *As Estações do Corpo: Aprenda a Olhar o Seu Corpo Para Manter a Forma*, de Thérèse Bertherat, fundamental para podermos nos escutar com clareza, e *A Longa Jornada*, de Loren Eiseley.

Como ouvir o canto dos nossos impulsos, de cada um deles? Aproximar, afastar, pegar, soltar, puxar, empurrar, correr, parar, pular, espalhar, recolher, atirar, bater, acariciar. Lutar e ceder. Ações físicas. O invisível existindo em espaço, tempo, energia e fluxo. Não usamos as palavras. Tantos são os verbos de ação, tantos os modos de tornar visível o invisível. Tanto a reprimir. Tanto a exprimir e revelar.

As aulas de corpo são pura poesia e criam espaços únicos a cada encontro. Espaços que nunca existiram antes e que nunca mais vão existir, embora estejamos juntos muitas vezes ao longo de todo o ano, trabalhando sempre rumo a quem somos ativamente, cheios de entusiasmo e energia. E medo também, às vezes.

O espaço de um trabalho de corpo não é real nem fictício, pois se encontra entre essas duas fronteiras que nos dividem e nos definem. É intermediário, é como tecer um sonho estando quase dormindo ou quase acordado, posto que é puro jogo de viver no espaço-tempo e na fluência que se estabelece a cada vez. Lugar de vir a ser. Um tecido feito de sonhos que vão se dando a conhecer no momento mesmo em que nascem, vindos de algum lugar e de algum tempo em nós e fora de nós. Lugar no qual caminhamos, cada um rumo a si mesmo. Sem modelos. Sem cópias.

Não importa o quanto eu saiba dançar ou se nem goste do movimento ou que seja exímia lutadora ou um campeão de natação. Não importa se me acho descoordenada, se me vejo pesado demais, se me desequilibro com facilidade ou tenho medo de cair. Não importa se tenho poucos músculos ou muitos, se me sinto alta demais ou baixo demais. Magro, gordo, feio, bonito. Não interessa se tenho habilidades corporais e me acho o máximo ou se me sinto preguiçosa, sem energia e me entrego à autopiedade.

Nossa investigação aqui é livre, embora seja organizada em temas de movimento e verbos de ação. Há a cada dia uma proposta muito clara de pesquisa, mas como isso vai ser realizado é absolutamente individual, segundo desejos e necessidades únicos.

E pessoas são incomparáveis. Sempre é bom repetir isso, para que nunca nos esqueçamos.

Vamos procurar saber que corpo é esse, corpo/nós. E duvidar do que ouvimos sobre ele, do que nos disseram ao longo dos anos em que fomos crescendo, dos adjetivos recebidos e dos rótulos, sobretudo aqueles que tentam nos definir. Vamos enfrentar os "tem que ser assim", "não é assim que se faz" ou "cuidado, você vai cair!". Vamos viver nossos impulsos para a ação e conhecer a forma de nossas ações, a energia que utilizamos momento a momento e o tempo de que precisamos no aqui e agora, e ouvir o que existe para ser ouvido. Mesmo porque a cada dia, a cada aula, tudo se transforma.

Nosso caminho vai sendo construído passo a passo, e não há o jeito certo de caminhar, embora haja um caminho que se vai construindo. Apenas seguiremos juntos, às vezes em silêncio, às vezes cantando. Às vezes alguém terá dificuldade em prosseguir e descobrirá que essa dificuldade não era nenhuma das que imaginava ter. É algo antigo que reaparece ou algo novo que não se conhecia. E isso é apenas o início de tantas descobertas alargando os horizontes dos nossos mundos. Cada um à sua medida e desejo. Cada um cada um. Cada uma cada uma.

Alguém um dia vai desejar recitar uma poesia que acabou de compor enquanto dançava. Outro alguém vai contar uma lembrança, uma imagem, uma história antiga ou que acabou de ser criada. Se a história for engraçada, alguns de nós darão risada juntos; se for triste, choraremos um pouco, de mãos dadas, talvez.

Talvez alguém comece simplesmente a rir e sua risada contagie a todos. Alguém chorará e soluçará aparentemente do nada e não haverá muito a fazer. E alguns chorarão ao mesmo tempo como se imagens tristes ou a própria tristeza flutuasse no ar da sala. Nesses momentos estou ali, bem perto, como a dizer que é assim mesmo e está tudo bem. E provavelmente também chorarei.

2 20 fev
Segunda Carta
Primeira Aula

Entro na sala e me sento. Estou em casa. Estou no meu quintal de Cerquilho. É verão, estou brincando na terra e vendo minha mãe sentada embaixo das mangueiras lendo um livro. Vez ou outra ela me olha e sorri com doçura.

Sentamo-nos em roda como faremos sempre e a cada dia de aula, ao começo e ao término de cada uma delas. Nesse círculo perfeito sem começo nem fim, nós nos olhamos, e essa é a forma primeira de trabalho. Uma forma espacial. Simplesmente ficamos assim e nos olhamos. Sem apelos externos, nada nas mãos, nada que tenha vindo de fora. Trago em meu olhar o doce das tardes ensombradas do olhar de minha mãe.

O tempo suspende sua passagem por nós. Nunca sei quanto tempo ficamos ali, sem falar, apenas nos olhando num silêncio de vento e pássaros e pequenos sons que chegam de fora, de uma rua muito distante que vai se distanciando mais e mais, enquanto os minutos escorrem.

Alguém sempre se comove e, depois de um tempo, começa a chorar. Alguém fica muito entediado. Alguém fica claramente impaciente. Alguém aperta as mãos com aflição e tenta se mover. Alguém sorri muito de leve. Pode ser que alguém tenha um ataque de riso um pouco incontrolável que será seguido por outros. Alguém olha em todas as direções como se formulasse uma pergunta que não será feita, outro olha para o chão ou para as próprias mãos, imóvel.

E os rostos. Como é lindo cada rosto que observo sempre muito emocionada em toda primeira aula! O outro. O outro eu mesmo, o outro em tudo parecido e diferente de mim. Em tudo parecidos e diferentes eles são. Cada aluno/aluna é o forasteiro que me coube acolher com todo o amor possível, porque não há como trabalhar corpo sem amor e delicadeza. O estranho que vem de muito longe, de lugares que nem ele conhece. E que não vou conseguir apreender, porque está sempre passando, segundo a segundo, rumo ao desconhecido de ser gente. E vindo de muito longe, em distâncias incontáveis[4].

São muitas e tão potentes todas as histórias e lembranças que cada um traz escritas no desenho do seu corpo, na forma, no tamanho, no jeito de ser/estar. No jeito de sorrir, olhar, desviar o olhar, andar, parar. Cada corpo como um mapa que pergunta, cada rosto como um mapa de perguntas, como um roteiro de histórias. Algo assim tão inatingível, belo e verdadeiro.

São tantas essas nossas histórias e, para tocá-las – se é que um dia iremos tocá-las e deixar que venham à tona suas palavras-movimento –, é preciso delicadeza, cuidado e atenção[5].

Sou a professora, mas também sou cada um deles, delas, sentados ali em silêncio, me olhando. E os olhares que me olham são inenarráveis. Perguntas, confissões, apelos, apatia, aborrecimento, curiosidade, irritação e diversão. Um pouco de tudo isso. Nada disso. Tempo ainda suspenso. Nada acontece fora de nós. Mas lá

4   As obras do filósofo Emmanuel Lévinas (1905-1995) repensam a filosofia a partir do prisma da ética, da alteridade e da ideia de infinito contida no conceito de "rosto". Grande parte de suas reflexões giram em torno da presença do outro como experiência fundamental de nossas vidas.

5   Como bem enfatizou a criadora da antiginástica Thérèse Bertherat (1931-2014), "O corpo recebe suas leis da Terra, do Sol, da Lua, de uma remota submissão aos ritmos desses astros e, por mais que se queira ranger os dentes, cerrar os punhos, tapar os ouvidos e o nariz, fechar os olhos, pensar que se está isolado no interior do invólucro que é a nossa pele, nunca se consegue revogar essas leis que fazem com que cada um de nós possua, neste mundo cheio de vida, o lugar integral de ser vivo" (As Estações do Corpo, p. 15). Com escolas pelo mundo todo e vários livros publicados, a fisioterapeuta francesa desenvolveu uma técnica que envolve conscientização corporal e harmonização corpo-mente através de posturas e movimentos simples que ela chamou de "Preliminares".

dentro, lá no fundo, bem lá no fundo, quantos mundos se põem em movimento!

Não quero começar a falar. Nunca quero romper essa magia que sempre nos envolve como a neblina desfazendo o horizonte do mar, fazendo com que tudo – mar, céu, areia, montanhas, árvores e peixes – se torne uma coisa só. O mistério desse silêncio que é só nosso tece o momento como um presente: tudo sendo desconstruído e novamente construído. Ficamos quietos, quase imóveis, apenas à espera. É assim que vejo nascer um coletivo, lenta e corajosamente. Porque é teatro que fazemos/faremos, e essa arte é coletiva. De uma coragem coletiva e arriscada, assim como questionar hábitos e velhas certezas entranhadas. Um início: procurar no corpo/hábito, na vida/hábito, onde estamos/somos nós.

Sou como eles, olhando para eles, lembrando as minhas primeiras aulas, os meus antigos professores, todos os meus mestres que me ajudaram a ser quem sou. Eles me acompanham nesse dia, nessa hora. Estão comigo.

Depois vou para mais longe ainda, visito o quintal da minha infância, as mangueiras e jabuticabeiras, visito meus pais, meus irmãos pequenos. Sou a menina que brincava nas grandes chuvas de verão, fascinada pelas poças d'água, pelas brincadeiras na lama. Nessa hora somos. Completamente.

Esse primeiro momento sempre me pareceu pleno e cheio de inquietação. Algo está sendo gerado. Um começo nunca igual, no qual passeio meu olhar pelo rosto deles, pelo corpo deles, por tudo que está ali conosco e o que não está, o que se oculta, o que não veio, o que não vejo, o que ninguém vê.

Passeio também por mim enquanto vou ao encontro de cada um deles nessa conversa muda, só possível em momentos assim tão simples e completos em si mesmos. Impossíveis de descrever.

O trabalho de corpo se aproxima da poesia. É poesia em movimento. O trabalho de corpo é filosofia, pensamento/movimento. Simples assim. Por que sempre preciso me perguntar o que somos?

Poeira de estrelas é o que somos, penso novamente. Viajantes do espaço que pousaram nesse pequeno planeta. E quem sabe para onde irá depois essa luz, esse pó, toda essa ternura? E o acaso nos uniu hoje, aqui, agora. É sempre infinito esse começo que define trajetos de cada um, que traz frustração e desassossego, mas também muita descoberta e muita alegria a ser compartilhada e reconhecida. E alguns sustos. Muita pesquisa e muito conhecimento. Caminhando, pisando com atenção nos caminhos que vão sendo construídos pelos nossos passos, gradativamente. Respirar. Esse é nosso começo. Respirar prestando atenção na respiração. Escutando o vazio e a plenitude de respirar. E esse silêncio.

3 27 fev
Terceira Carta
Na Superfície da Terra

Antes de uma aula, "converso" um pouco com Laban, amigo que nunca conheci, mestre e conselheiro. E sua resposta me deixa sempre feliz. Converso igualmente com Lisa Ulmann, que conheci num curso no final dos anos 1970, e com Cybele Cavalcanti, que tanto me ensinou por anos e anos a fio na escola Arte do Movimento. São eles que me acompanham todo o tempo enquanto atravesso o tempo de uma aula.

Hoje vamos trabalhar com a gravidade, investigando nosso eixo, nossa postura. E com os verbos *lutar* e *ceder*. Dois verbos essenciais. Que nos definem.

Vocês são muitos. E tão diferentes, em tudo tão diferentes. E têm olhos inquietos, iluminados. Observo como se olham, como se sentam, ficam em pé ou caminham.

Então vou explicando que nossas aulas se dividem em três tempos. Primeiro momento: aquecimento, corpo e alma, chegar, abrir-se para uma nova experiência; segundo momento: pesquisa a partir de temas do movimento e verbos de ação; terceiro momento: improvisação livre a partir dos impulsos e desejos. Em geral, trabalhamos em duplas a partir da metade da aula.

O trabalho com os verbos é tão simples e nos leva tão longe! A luta está gravada nos músculos, às vezes tão tensos, num pescoço encurtado, em ombros endurecidos. A luta vive em nós desde que, lutando com a gravidade, aprendemos a ficar de pé.

Primeira parte: vamos voltar ao tempo de ficar no chão e conhecer o peso da gravidade sobre nós e, como disse alguém, o desespero e a segurança ao mesmo tempo de estar deitado numa superfície acolhedora. Sempre nos aquecemos para cada aula. Fazemos isso em roda, em silêncio e prestando atenção aos pés e como os dedos estão dispostos no chão; depois, suavemente vamos girando pés, pélvis, ombros; amaciando pescoço e joelhos, e deixando a língua brincar pela boca e relaxar o maxilar. Sentir o peso do corpo. De cada uma das suas partes. Desenhar o espaço à volta delicada e lentamente. Deixar que o cérebro tenha tempo para registrar esses desenhos, perceber a energia que se solta e se espalha aquecendo o corpo, alterando a respiração. Sem esforço. Apenas registrando sensações que vão chegando. "Chegam de tão longe", me disse alguém. "Me lembrei... não sei... vi imagens de quando eu era pequeno... e veja como estou suando... e não fizemos esforço nenhum...".

Para terminar, nos balançamos um pouco, braços soltos, pernas soltas. O centro do corpo, seus grandes músculos, os membros e sua desenvoltura. E depois giramos. Alguns giraram como os dervixes, os rostos vermelhos e felizes, o corpo suado.

Subidas e descidas. Só isso? Sim, só. Como quiserem. São quatro momentos: no chão, subindo, de pé, descendo, no chão novamente. Só isso. E, ao final, com seu corpo agitado, depois tranquilo, e seu olhar como o de um pássaro, você nos mostrou de quantas infinitas formas é possível fazer isso.

Um pouco assustado com tanto trabalho a ser feito, tanto a pesquisar. Curioso com tudo isso. Curioso como um passarinho olhando a imensidão do céu.

"Como na vida", escuto alguém falando baixinho. Sim. Tudo simples como na vida. As aulas de corpo pausam a vida real, o mundo real, para uma investigação deste aqui e agora no qual estamos e que nunca mais vai se repetir. Nunca como hoje. Quando digo isso, sempre sinto fascínio e um pouco de medo. Um arrepio. Mas é como dizíamos brincando na minha casa, na minha infância: a "verdade verdadeira".

Subir e descer: um estudo de apoios e equilíbrio. Todos fizemos isso quando éramos bebês fofinhos e curiosos, embora não nos lembremos mais. Nossos dias se passavam assim, nos arrastando ou engatinhando pelo chão, nos agarrando nos móveis para termos alguma alavanca e arriscando sucessivas quedas. Todos os bebês tentam fazer isso. Faz parte da nossa natureza a pesquisa delicada da vida nesse mundo. Conhecer a gravidade, conhecer a si mesmo, arriscar, cair e levantar. Depois fomos crescendo e nos enrijecendo com os "não pode", "tem que", "senta direito", "cuidado que você cai". E nos endurecemos com o desconforto das roupas e dos calçados, dos espaços apertados, com a imobilidade das carteiras escolares nas aulas que pareciam intermináveis. E nós ali, sentados "do jeito certo".

Hoje repetimos a busca de conhecimento e novamente investigamos com nossos corpos crescidos e transformados, moldados e endurecidos a mesma ação de subir e descer no espaço – o que parece simples, mas nunca é –, percebendo estados estáveis e instáveis, indo por caminhos incertos, descobrindo novos modos, já que não existe o verbo *errar* em toda a nossa lista de verbos.

E deixamo-nos esvaziar, até que essas ações tomem todo o espaço que há em nós. E como alguém disse: "Fiquei tão vazio, vazio mesmo, sabe?! Tão sem pensar em nada. Eu nunca tinha me sentido assim! Um vazio bom."

Depois de um tempo a proposta é subir e descer, mas em duplas, com uma conexão que não se perca em nenhum instante. Olhos nos olhos. E, quando isso não for possível, um toque leve me mostra que não estou só. Trabalhar junto.

Enquanto escrevo, tento recuperar o que vivemos. Estou aborrecida porque sinto que estou sozinha agora. E é muito difícil continuar a escrever sabendo que reduzo na escrita o muito que experimentamos. E que se recusa a ser reduzido.

O que foi que fizemos, afinal? Lutamos e cedemos. Porque a simplicidade com que Laban trata desses movimentos fundamentais do ser humano é tudo o que precisamos. Sair do chão é lutar contra a gravidade que nos puxa para baixo e descer é ceder a essa mesma força.

Vejo nos seus rostos sérios após a aula que compreendem o simbolismo disso tudo. Às vezes precisamos lutar, às vezes é necessário ceder. Força e suavidade, ternura, entrega e enfrentamento.

6 mar
Quarta Carta
Desenhando no Espaço dos Passos

Nesse dia fizemos muitas caminhadas a lugares em nós e em lugares outros, de outros. Caminhamos em retas longas, recortadas, em linhas flexíveis que levavam nosso olhar em tantas direções. Para isso, preparamos nossas pernas e nossos pés. Olhamos para eles, tocamos nossos dedos, separando uns dos outros com delicadeza. Também investigamos o peso dos nossos braços e cabeça deitados no chão, sentindo a coluna como uma serpente deslizando pelo chão. E descobrimos muitos caminhos, formando desenhos no ar por onde nosso corpo também caminhou como se fosse um ser alado.

Caminhamos solitários, depois em pares e terminamos numa grande roda que aconteceu por acaso, porque sim, porque toda a energia de muitas vidas juntas espalhada precisou se organizar num círculo perfeito que continuou tingindo o ar de entusiasmo e alegria.

Andar como quem investiga pés e passos, andar como quem dança. Andar passos que levam a lugares em nós, que nos levam para junto de tantos outros passos. Passos pequenos, muito rápidos e passos grandes e lentos como se estivéssemos desenhando o ar, no ar. Passos em linhas muito retas e passos sinuosos que nos fazem girar. Andar com o olhar numa só direção, deixar que o olhar passeie pelo espaço em todas as direções.

Depois as subidas e descidas emendando passos e passadas. Ceder e lutar com a gravidade, experimentar o peso e a força nas subidas. Novos modos de descer e subir, passar pelo chão e emendar junto ao corpo de alguém o corpo investigado. Descer cuidando de alguém, subir ajudado por alguém.

Ao final dançamos uma dança livre de passos e formas, livre de ritmos impostos, uma dança guiada pelo desejo que o momento trazia.

Não houve muitas perguntas. Primeiro houve um grande e fascinante silêncio no qual se podia ouvir o vento passando lá fora, um vento que prenuncia o outono, eu disse. Sempre gostei da chegada do outono quando é preciso lembrar.

Lembrei-me agora, enquanto escrevo, de Thérèse Bertherat, que diz: "No outono, quando o vento do oeste começa a soprar, ele me empurra na direção do passado. Tento ficar de pé, fincar os pés no presente, mas quando assopra forte, o vento me impele para trás, para o lugar de onde vim."[6]

Então você, uma aluna recém-chegada, me pergunta "se está certo ficar chorando à toa", pois você está fazendo isso toda hora. Eu fico em silêncio, me perguntando o que o certo ou o errado tem relação com esse rostinho jovem, essa pessoa recém-chegada de outra cidade e que se emociona por estar sozinha na cidade grande, se emocionando também com as caminhadas, o olho no olho e o silêncio. Uma cidade nova, um mundo novo, novas experiências, sustos e receios. Uma cidade enorme e sem mar.

Digo apenas que não, não é errado, que a chegada do outono dá mesmo vontade de chorar. Em mim também. E eu não sei o porquê. Apenas acontece de ser assim porque sinto saudades do sítio do meu avô, dos milharais e laranjais maduros que balançavam com o vento. Porque sinto falta de colher o milho verde com meu pai e sentar à mesa de mármore da cozinha para ajudar a fazer curau.

Porque sinto saudades do pôr do sol visto pelos vidros da varanda, porque fazia frio e minha mãe fechava cedo a casa e cozinhava a sopa da noite no fogão à lenha que aquecia a água das torneiras e a casa toda. E porque também quando eu era bem pequena ficava

---

6 Op. cit., p. 25.

ouvindo o vento e escutando o baque das mangas caindo no chão nas noites de chuva.

E, sobretudo, porque todos os que eu amava ainda estavam vivos.

Direi isso a ela, qualquer hora quando nos encontrarmos por aí, olhos nos olhos.

5 13 mar
Quinta Carta
O Espaço e Seus Níveis

Hoje pensei num livro que me acompanha há décadas, comprado num sebo ao acaso, pelo nome, pela capa, sem a mínima ideia do que ele tratava. Muitas vezes ao longo dos anos, ele me inspirou aulas, contos e outros escritos.

Chama-se A *Imensa Jornada* e foi escrito por um antropólogo poeta. Pelo menos foi o que pensei quando me apaixonei por suas palavras. Ele conta histórias que percorrem muitas vidas e as conta com pausas e tempo para pensar e sonhar, revelando imagens e vozes antigas sussurrando aos nossos ouvidos.

O autor, Loren Eiseley, em certo trecho diz assim:

> No carro, ligando os faróis, examino, antes que se derreta, um intrincado cristal sobre a manga do meu casaco. Nenhuma filosofia utilitária explica o cristal de neve, nenhuma doutrina de uso e desuso. A água jorrou simplesmente do vapor e do tênue nada no firmamento noturno, para apresentar-se como uma forma. Não há razão lógica para a existência de um floco de neve como não há para a evolução. É uma aparição proveniente da misteriosa sombra, posta além da natureza, no derradeiro mundo que contém – se alguma coisa contém – a explicação dos homens, dos peixes e das folhas verdes.[7]

---

7   A *Imensa Jornada*, p. 31.

Então nossa aula começou de olhos fechados, cada qual com seus botões, diria minha avó Emília depois que meu avô Augusto morreu antes do tempo, aos 42 anos, e a deixou com cinco filhos, um ainda na barriga. Cada qual com seus botões.

O ser humano demora a ter autonomia. Ao contrário de muitos outros mamíferos que, horas depois de nascer, já tentam caminhar, nós levamos quase um ano conhecendo o peso do nosso corpo na luta contra a gravidade, aprendendo a usar apoios, dependendo do cuidado dos adultos próximos, andando primeiro no colo, depois rastejando e engatinhando pelo chão, sempre supervisionados por alguém.

Abandonados, simplesmente morreríamos.

Então a aula será o estudo de peso e força: lutar para subir, pesquisando diversas formas com mais ou menos esforço, e entregar-se ao peso para ir ao chão; descer sustentando o corpo, deixando-o simplesmente cair pelo seu próprio peso.

Faremos isso nível a nível, passando atentamente por cada um dos níveis do espaço, como nos ensina Laban.

Começando pelo chão no rastejar e em outros deslocamentos possíveis, colando o corpo na terra o máximo que der. O chão da sala é de madeira e ele nos recebe inteiro como carinho de colo de mãe. O verbo agora é confiar.

E nos deslocamos de olhos fechados, abrindo ao mundo nossos outros sentidos: o tato, o olfato, a audição. Numa percepção imemorial, de tempos imemoriais, muito mais antigos e que vão além da nossa primeira infância, viajamos. Até longe, bem longe, quando seres sem patas e talvez sem olhos rastejavam do mar para as pedras da praia em loucas tentativas para conhecer outros mundos.

E foram se arrastando, tentando sobreviver e se transformando. Deles viemos, são nossos ancestrais dos quais ainda talvez carreguemos velhas histórias, sensações e indistintas percepções.

Que história, não?! Depois podemos passar ao estágio seguinte, no nível médio, e quase posso ouvir os sapos coaxando, embora não haja qualquer imitação. Engatinhando, com mais rapidez agora, quase correndo sem ainda ficar de pé. Em duplas, olho no olho ou corpo no corpo, aprendendo e descobrindo novos movimentos que já estavam ali, quem sabe desde sempre, aguardando tranquilos para serem (re)descobertos e novamente explorados.

E porque é outono, ou ele se aproxima velozmente, faz-se um silêncio danado de vales e montanhas desabitados, de neve caindo noite após noite em florestas sem nenhum bicho. Silêncio de vales e desertos, quando apenas passa o vento, ou de mares profundos. E nós também silenciamos.

6

20 mar

Sexta Carta

Cuidar e Ser Cuidado

Nossos centros de peso e leveza. Cuidar-se, cuidar e deixar-se cuidar. Cuidar e ser cuidado. O escutar-se e a escuta do que me diz o corpo do outro. Hoje a aula terá que ser assim, pede muita atenção. Delicada e atenta, como se escutássemos ecos longínquos de antigas histórias que o vento traz. E já faz tempo que tenho ao alcance dos meus olhos um livro lindo que se chama *As Estações do Corpo*, do qual vou ler um trecho para vocês. Difícil escolher as palavras quando tudo é tão sensível e bonito.

> No outono... eu podia chorar todas as lágrimas do meu corpo; as minhas lágrimas não mudavam nada.
>
> Minha avó tinha a pele do rosto lanhada, gretada pelos ventos cortantes que sopravam dos cumes. Apenas seus olhos pareciam de matéria intocável; tinham a cor clara, mágica, que se discerne nas fendas das geleiras. No outono, ao anoitecer, ela se debruçava sobre uma tina com água da chuva que ficava ao lado da porta. Lavava demoradamente a pele sem brilho, queimada.[8]

Hoje vamos trabalhar com os dois grandes centros do nosso corpo: o do peso, que nos ajuda na gravidade, e o da leveza, que

---

8 Op. cit., p. 35.

nos leva para os lados e para cima como o vento nos galhos de uma árvore. Mas é outono, então o vento nos carrega e depois nos derruba. Talvez seja uma aula inquietante, mas a vida também não o é? Puxar e ser puxado, levar e ser levado para o alto, para todas as direções, sair do chão, alçar voo, sair do chão de quantas formas se quiser. Deslizar rumo ao chão sendo cuidado, depois cuidando de alguém. A proximidade e o cuidado do outono. Entregar-se ao chão e depois recomeçar a subida junto, ao lado, cuidando ou sendo cuidado por alguém. Entregar-se, esse é o verbo agora.

No livro *Domínio do Movimento*, de Laban, há uma tabela muito simples[9]. O corpo no eixo com a cabeça no topo, a parte superior do tronco, o centro de leveza (esterno) e o centro de gravidade (quadris) e a parte inferior do tronco. E os membros à volta desse eixo: braços pendurados nos ombros, pulsos, dedos. O que dobra, gira e estica. E abaixo: pernas, joelhos, tornozelos, pés e seus artelhos. E penso no *tai chi* e no trabalho com as dobras do corpo em que a energia circulante pode ser interrompida por tensões e medos.

Mas a aula será antes poética, com nossas investigações de impulsos, suas origens em nós e o modo como se manifestam exteriormente.

E se for uma aula para chorar, já sabemos, não é? Vamos chorar. Bora chorar, como vocês dizem, pela chegada do outono com sua luminosidade dourada e cálida, que não nos atinge em cheio, mas nos revela só um pouco, pelas beiradas e com desenhos suaves escorrendo pela pele, longilineamente, delicadamente. É preciso prestar muita atenção em tudo e em todos; uma atenção suave como a luz do sol que nos banha oblíqua. Sem invadir, sem expor nada nem ninguém.

Vamos libertar a respiração de suas amarras e o maxilar que endurece o rosto e não deixa sair a voz no canto nem na palavra. Que não deixa que as lágrimas conheçam a maciez da pele.

---

9 Ver *Domínio do Movimento*, p. 57.

Então dançamos, carregamos nossos parceiros, fomos por eles puxados e puxamos, experimentando nossa força e nossa suavidade. Ocupamos o espaço da sala, testando peso e força, lembrando do vento e dos ventos de outono que chegaram trazendo um temporal inesperado. Verdadeiro.

Então, para finalizar o dia em meio à tempestade que levou a luz da sala embora, fomos para a calçada e deixamos a chuva escorrer por nossos rostos e corpos iluminados.

7

27 mar
Sétima Carta
Equilíbrio e Desequilíbrio

Poderia contar muitas histórias a vocês, todas verdadeiras, de como pensei em realizar o trabalho que faremos amanhã. Mas isso fica para outra hora porque envolve muita gente e muita estrada. Até agora trabalhamos o chão e no chão, subidas e descidas, experimentando o peso e a força. Trabalhamos em duplas, cuidando e sendo cuidado pela pessoa que nos acompanhou. Fomos confiando no chão e também percebendo alavancas que nos levam ao nível alto, a ficar de pé.

De quantos modos se pode subir e descer, rapidamente, lentamente, usando pouco ou muito espaço, usando muita energia ou economizando energia. Aprendemos ou reaprendemos a confiar nas pessoas para aguentar o nosso peso.

E giramos no eixo como os dervixes. Não tanto tempo, mas giramos e fomos auxiliados pelo grupo quando ficamos tontos. Ou nem chegamos a ficar tontos. Ou ficamos tão tontos como nunca havia acontecido em nossas vidas. É assim.

Mas também pudemos perceber a importância do grupo cuidando de cada um.

De qualquer forma, investigamos nossa postura de pé, o apoio nos pés e em cada pé, a ligeira flexibilidade dos joelhos, tudo que dobra, gira e estica no nosso corpo. Brincamos bastante com tudo isso.

Hoje vamos desequilibrar e sair do nosso lugar estável, do nosso eixo tão duramente conseguido por um desequilíbrio provocado. Mas depois, depois é aventura, pois há um instante no qual não temos mais nosso velho e conhecido controle e precisamos confiar que o sistema nervoso central cuidará de não deixar que nos esborrachemos no chão.

E sempre repito, porque conhecer os medos nos ajuda a lidar melhor com eles. Há medo, há a tomada de consciência do medo de se machucar e o enfrentamento do medo, mas nunca ninguém se machucou com esse exercício.

Desequilibrar-se e confiar é um exercício de entrega. É uma grande aventura.

Fazer isso em dupla gera um pouco de terror e um pouco de fascinação. É também uma alegria meio selvagem, aquela das crianças que aprendem a ficar de pé e andar. E saem em disparada pela casa, passando rentes às quinas e deixando nossos corações na boca.

No entanto, quando chegou a aula da noite, eu já não era a mesma que havia dado a aula programada pela manhã. Pensei então numa nova experimentação em duplas. Chovia muito e eu estava muito emocionada pelo trabalho da tarde com o Núcleo de Pesquisa da Presença (NPP).

Esse núcleo merece um capítulo à parte por essa tarde, pelos solos apresentados aos novos integrantes e pelos relatos de suas próprias pesquisas. Farei isso em outro momento.

Cuidar e ser cuidado me trouxe a certeza de ser esse o tema da aula da noite. Minha monitora Lorena acompanhava tudo com os olhos marejados. Como ela é atenta a si e aos outros e é tão sensível! Como se deixa simplesmente estar ali, forte como um rochedo e ondulante e instável como o mar!

A aula começou junto com os trovões e a chegada de mais uma tempestade.

Depois de momentos de silêncio, começamos: pegar no colo, abandonar-se ao colo, reviver lembranças corporais de se deixar carregar pela outra pessoa. Confiar, desconfiar, abandonar-se. Ousar novos caminhos de desequilíbrio para tentar confiar no colo, num colo.

Devo novamente afirmar que Laban sempre me ajuda no trabalho com os verbos, e os verbos vêm chegando durante a condução da aula, vindos da minha própria história e daquilo que as pessoas em trabalho vão me dando e mostrando.

A música precisava se unir à chuva, não abafar seu som ininterrupto; então um piano delicado é encontrado numa *playlist* de celular.

Muitas vezes penso que sou uma espécie de DJ que canta junto e dança enquanto vai criando essa paisagem sonora na qual as pessoas se movem. Como nos sonhos. Imagens muito vivas, muito cheias de vida, completamente reais.

Sim, de fato, em cada encontro construímos juntos novos sonhos.

8

3 abr

Oitava Carta
As Quedas, ou Como Confiar

Quando eu era pequena, morava em Cerquilho, no interior de São Paulo, como já mencionei, numa casa dourada pelo sol, aberta para as quatro faces do mundo, num quintal cheio de jabuticabeiras. Muito chão, muito verde, muita terra e horizontes em toda a volta.

Eu gostava de girar e girar até ficar tonta e cair. E caía em plena terra vermelha. "Terra boa de plantar", dizia meu pai. E era ali mesmo que eu plantava bananeiras e fazia estrelas até não conseguir mais parar de pé, o corpo cansado e trêmulo pela emoção de existir.

E, deitada de costas, eu ficava um longo tempo olhando as nuvens passando pelo céu. E o céu era tão alto! Minha irmã e eu brincávamos em cima das árvores, especialmente de passar de uma à outra, penduradas nos galhos como Tarzan, o único filme que me lembro de ter visto no cinema da cidade. Às vezes eram muitos os amigos e amigas que brincavam, ao que meu pai dizia: "Hoje as árvores estão cheias de passarinhos".

Éramos todos nós.

E às vezes caíamos. Uma vez Carmen, minha irmã, caiu de um galho bem alto, desmaiou e, como consequência dessa queda assustadora, passou um ano inteiro olhando torto, sem mexer o pescoço. Minha mãe achou que não havia problemas; o médico da cidade concordou que, com o tempo, tudo se corrigiria. E foi assim. Ninguém perdeu o sono por causa disso. Nem ela.

Cresci sem médicos, remédios e temores de doenças.

E seguimos caindo pela infância afora, meus irmãos e eu, primeiro das árvores, depois das bicicletas. Caíamos e pulávamos no lago perto do sítio, e nos balançávamos em cipós que meu pai descobria nos eucaliptos ou nas cordas amarradas por ele nas mangueiras. Balançávamos com o vento, corríamos e girávamos no vento, gritávamos em meio ao ronco dos trovões e nos sacudíamos nas árvores durante as tempestades de verão. E subíamos em mangueiras altíssimas para pegar na mão as mangas mais bonitas.

Eu tinha medo apenas da escuridão das noites sem lua, dos fantasmas, dos lobisomens e do silêncio. Sim, eu tinha medo do silêncio de então, quando eu podia ouvir até as lagartixas que corriam pelo teto procurando insetos.

Dos giros e das quedas da infância nasceu essa aula, que brinca com o abandono, que brinca com a confiança de que nosso eu/corpo tem sua própria proteção, que existe para cuidar da nossa segurança.

O medo atrapalha, pensar demais atrapalha; essa queda que praticamos não tem técnica, simplesmente deixamos acontecer.

Para bem cair, é preciso abandonar-se à gravidade. Confiar. E tirar da frente os joelhos para não os bater; essa é a única regra. Cair, rolar no chão, subir para a posição de pé. Para tornar a cair. E brincar com isso. Muito. Sempre juntos e separados.

Fazemos isso em fila indiana, para melhor observar a beleza do abandono no corpo de cada um. E a profunda diversidade de modos de caminhar e despencar e passar pelo chão e levantar.

Depois seguimos em duplas, sentindo bem perto o outro, o corpo do outro, respirando juntos e despencando juntos, sem nada combinar.

Para Laban, lutar e ceder são dois grandes verbos e trabalhamos sempre nos extremos; lutamos e cedemos, abandonando-nos à delícia de um corpo sendo puxado para o chão sem lutar contra a queda. Curtindo a queda. Caindo juntos. Como se viver e dançar fosse um milagre.

Não há o jeito certo de cair. Há a queda de cada pessoa e, com ela, seguem suas histórias, seus quintais ou seus apartamentos, seus grandes ou pequenos espaços. Na verdade, não se pode ensinar essas quedas, simplesmente se decide cair. E a terra nos recebe.

"Do chão não passa", dizia minha avó Emília olhando sua horta e esperando pelas chuvas dos fins de tarde. E me vendo pendurada nas árvores pequenas que cercavam sua horta.

O que importa mesmo é buscar essa conexão abandonada nos tempos do crescer. Conexão com o nosso próprio corpo, com seus sinais de frio ou calor, de coração disparado, de força ou fraqueza. Em seguida, a conexão com o outro e a entrega ao olhar, que me olha em mudas conversas cheias de intenções ocultas ou antigas.

Importa desenvolver a percepção do todo maior para além de mim e desse outro que me acompanha, para muito além. Percepções de chão, de ar, de vento, de atmosferas várias e da imensidão do céu.

Carta aos Participantes do Núcleo de Pesquisa da Presença

Dia seguinte. Ainda emocionada. Noite longa e bem dormida, muitos, incontáveis sonhos. Vou começar esta carta comovida com tudo o que fizemos ontem, com o que nos aconteceu, com o que nos tocou.

O que é, afinal, que fazemos nesta sala todas as terças-feiras durante três horas das nossas vidas? Pesquisamos. Mas o que pesquisamos?

Vou tentar aqui, falando com vocês, ser clara para aqueles que não estão conosco. E é tão difícil contar. Nunca conseguimos, de fato. Mas isso não nos impede de tentar contar. E continuar.

O NPP já tem uma história de alguns anos. Cada ano se compõe de coisas e formas e resultados de cena completamente diferentes. No entanto, buscamos o estado de presença do intérprete. Basicamente. Cada um a seu modo. A forma é resultado e vai se compondo como que sozinha, contando nossas histórias de modos diversos.

Há muito material guardado, mas cada vez que penso em trabalhar a partir dele vejo tantas coisas novas surgindo que não posso me deter no passado. Começo o registro e me distraio com o novo que vem surgindo sempre.

Afinal, o que fazemos? Vou escrever o que consigo lembrar da nossa última apresentação.

Havia em mim uma pergunta, uma pergunta recorrente que se refere aos processos expressivos. São os processos de criação que me interessam de fato. Como se cria, por que e para quem se cria? Como a metodologia de Laban pode auxiliar intérpretes na investigação de si mesmo, base para toda e qualquer criação nas artes da presença? E como esse trabalho consegue, a meu ver de forma magistral, ajudar a cada qual de uma maneira, com resultados absolutamente únicos e incrivelmente diferentes?

E cada um de vocês, participantes, chega com suas perguntas ou vai aprendendo a formular suas perguntas, encontro após encontro. Esses dias acabamos por pensar que por trás de tantas questões reside, para cada um de nós, uma grande e única questão. Será?

Certa vez encontrei em uma entrevista de Gabriel García Márquez a afirmação de que um escritor, apesar de escrever muitos livros, acaba por escrever um único livro, distribuído em vários tomos. Seu único livro teria sido o livro da solidão.

As pesquisas individuais começam ao acaso, depois de uma aula na qual improvisamos, dançamos, brincamos no espaço e nos relacionamos uns com os outros. E elas vão insistindo em se fazer lembrar, a qualquer hora do dia, em qualquer lugar, e tomando forma como uma única pergunta. E esta fica meio obsessiva. Não sabemos de onde veio ou por que veio. E talvez nunca cheguemos a descobrir.

Esse processo de descobrir a pergunta é absolutamente único e individual. Às vezes acontece com alguém o que se convencionou chamar de inspiração, de impulso, um desejo que quer vir à tona e transformar-se em desenho e dança. E pronto. E a pessoa segue trabalhando com isso meses a fio sem se cansar nem desistir.

Em outros momentos, alguém não se deixa fisgar pelo acaso e por algo desconhecido que precisa se expressar, tomar forma, como nos sonhos. Não nos cabe discutir com esses desejos, tampouco tentar cerceá-los, justificá-los ou explicá-los.

Num livro precioso do qual sempre sinto saudades, volto a ler o que se segue:

> Vou dar-lhe um exemplo sobre o qual refleti muitas vezes: a aranha dança sua rede sem pensar nas moscas que se prenderão nela. A mosca dançando despreocupadamente num raio de sol, se enreda sem saber o que a esperava. Mas tanto na aranha quanto na mosca, algo dança, e nelas o exterior e o interior são a mesma coisa. Confesso que me sinto incapaz de explicar melhor, mas é dessa maneira que o arqueiro atinge o alvo, sem mirá-lo exteriormente.[10]

Penso que seja um pouco assim. Trabalhamos com ações físicas, com a fisicalidade prestando atenção à respiração, aos movimentos mais simples, deslocando o pensamento para o corpo por inteiro, completamente. E assim deixamos de pensar nos resultados. Algo pode acontecer. Ou não. E em cada um de vocês, assim atentos, algo se põe a dançar.

Contudo, o importante é que se estabeleça essa ligação entre o interior e o exterior, como uma conversa muito especial que flui em impulsos e formas que se organizam e depois se esvai como névoa, mas que vai nos contando nossa própria história, ao mesmo tempo que ela se constrói, se reconstrói, se modifica e se reinventa... Eu também "me sinto incapaz de explicar melhor". Mas sabemos que é assim.

---

10 E. Herrigel, *A Arte Cavalheiresca do Arqueiro Zen*, p. 69.

10 abr

Nona Carta

No Caminho do Outono

Quando meu primeiro filho, Frederico, nasceu ou antes mesmo, quando ele ainda habitava em mim e eu o sentia no meu corpo, vivi um tempo de encantamento e medo. Em mim o mistério se fazia material: eu andava, nadava, acampava junto com outra pessoa que eu ainda não conhecia. E dançava com ele e boiava no mar. Eu e ele éramos o presente, nada sabíamos de nós no futuro. Sentia-me forte, extremamente forte.

Perdoem-me meus outros filhos e seus partos, mas com o primeiro veio uma revelação natural e assustadora assim que ele saiu de mim, num dia de Carnaval, com médicos jovens que eu não conhecia e que estavam loucos para terminar o plantão e cair na folia.

Foi uma revelação, eu diria mesmo assombrosa, ele nascendo sem nenhuma ajuda nem anestesia, enquanto muito ao longe eu ouvia a bateria de uma escola de samba. Fiquei tão abismada com tudo aquilo e com aquela pessoa pequena e corajosa me olhando que passei a observá-lo dia e noite entre o medo e a fascinação.

Tão curioso ele era. Quando nossa luta por parir e nascer acabou, ele me olhou assim que saiu da barriga, com olhos bem abertos, investigando meu rosto como a perguntar: o que é isso tudo? O que aconteceu? Ele não sabia. Nem eu.

Então começou minha aventura de voltar com ele ao chão, criá-lo junto à terra para rastejar, sujar com ele as mãos e o corpo, tomar banho de esguicho e de chuva, encarar a vida em sua mais incrível materialidade em dias e noites muito longos. Recuperar meu passado junto com ele e reviver o primeiro ano da minha vida. E eu também era minha mãe me vendo crescer.

E depois vieram as pesquisas dessa nova pessoinha com os níveis do espaço: no plano médio, aprendendo a sentar e a engatinhar; depois, desafiando a gravidade, aprendendo a ficar de pé e a caminhar. E caindo e levantando. E rindo e chorando, feliz com o mundo e suas experiências, seus sustos, seus galos e seus ralados. Esse período foi para mim de maravilhamento constante. Então era assim? E por que conto tudo isso? Porque isso tudo é Laban e sua pesquisa e porque tudo isso sou eu e minha pesquisa, que desliza pela vida afora, desde que eu era pequenina. Onde tudo se mescla, minha vida e todas as outras vidas. Passados mais de 45 anos, ainda posso me recordar e reconhecer em mim todos esses anos marcados: a riqueza, a beleza, a alegria e a dor de cada um deles.

E meu olhar pousa vazio de expectativas sobre todos vocês, meus alunos e alunas. Falamos com nossos corpos, com nossos olhos nos olhos, mesmo no silêncio: do que aconteceu conosco. Do que não sabemos. Das nossas vidas. Do que pode ser dito. Do que não pode. Das nossas caminhadas no passado. Dos nossos desejos num futuro desconhecido. Do desconhecido.

Porque toda a nossa história, a história de cada um de nós, mora no corpo. Ele não mente e, quanto mais tenta ocultar, mais revela. Isso é um pouco assustador, não é? Para mim também, pois tenho segredos e mistérios como vocês e como todo mundo. Mistérios que escondo até de mim e que me chegam apenas nos sonhos, me oprimindo ou me libertando.

10

10 e 17 abr
Décima Carta
As Avaliações Individuais

Ela chega assustada, parecendo um bichinho acuado e se senta na minha frente. Digo: "Você está com medo". Ela torce as mãos pequenas. Eu pergunto: "Posso?" E toco em seus dedos gelados. Sim, ela está com muito medo. Pálida. "É só uma conversa", digo. Silêncio. Ela diz, olhando para as mãos: "Eu sei, mas fui avaliada tanto já na minha vida e nunca foi bom". "Quantos anos?"

"Dezessete…"

Dezessete anos e cresceu sendo avaliada por tantas pessoas, em tantas situações, que agora, a cada minuto da sua vida, se autoavalia para checar se está correspondendo ao que esperam dela. Ao que "é certo". E nunca está feliz.

Assim começamos muitas vezes essas conversas em autoavaliações, que cada vez mais considero imprescindíveis. "Está tudo bem", eu digo, "é só uma conversa".

Mas seu corpo espremido na cadeira, as mãos suadas e frias e os lábios sem cor já me disseram muito. Uma história de muita exigência, de ter que se haver com tantos compromissos desde pequenina, de ter que obedecer a ordens sem sentido, de não poder seguir seus impulsos, nem brincar como desejava, de sofrer *bulling* na escola, de comer o que não gostava, de usar um cabelo que não queria, estudar o que não interessava. De ter que ser a melhor, de apresentar resultados a cada dia como se fosse uma empresa que precisa dar lucro.

Uma longa lista.

Junto com o sofrimento, vêm os diagnósticos que vocês trazem. São tantos nomes e siglas assustadoras para doenças que os acompanham. As siglas, não as doenças. Os diagnósticos são como ferro em brasa marcando para sempre suas vidas. "Sou hiperativo desde menino e sofro de...". De fato, não quero me lembrar do nome do que disseram que você tem. Então olho bem nos seus olhos e digo: "Talvez você esteja assim, mas talvez você não seja assim. Percebe a diferença?"

São muitas as queixas, dores nas costas, problemas nos joelhos, sinusite, bronquite, asma, respiração curta. São muitas as dores, sim. E vocês tão jovens. As histórias mais tristes, ainda que se alterem os personagens e os cenários, são de solidão, de falta de apoio e escuta. Falta tempo ou há tempo demais. Há informação demais circulando na internet e, os telefones celulares nunca são desligados. E falta silêncio para que o corpo, que continua a funcionar como funcionava séculos atrás, possa compreender tantos e tão diferentes apelos.

"Não tenho tempo pra nada", me diz você com seus olhos grandes. Olho pra você e não vejo sua respiração acontecer. "Respiro mal, às vezes acho que vou sufocar... tenho bronquite desde pequeno", você me fala com os ombros erguidos, as mãos crispadas como se preparadas para agarrar qualquer coisa ou se defender.

Lembro quando descobri o *tai chi* no final dos anos 1970, e o mestre, que mal falava português, a dizer baixinho numa manhã gelada: "Apenas preste atenção na sua respiração". Eu não conseguia, havia muito barulho em mim, pensamentos que se chocavam uns com os outros dentro da minha cabeça; então eu ficava me perguntando o que eu estava fazendo ali, deitada no chão do mosteiro silencioso, em vez de cuidar da minha vida, que passava com seus tantos afazeres e problemas a resolver. E listava mentalmente meus compromissos até ouvir os sinos que anunciavam o final da meditação.

Pensei em desistir muitas vezes e não o fiz. Algo me segurava ali. Só muitos anos depois descobri o que era: eu simplesmente precisava daquilo que eu mal conseguia compreender, mas me fazia bem.

Não desistam de ficar em silêncio, ainda que no início o barulho pareça maior e mais desesperador. É apenas você se despedindo de velhos hábitos e seu corpo, esse conservador, se debatendo para continuar na sua vidinha confortável e sem crises. É seu corpo/você fingindo que está tudo bem e que viver é assim mesmo.

Nesses dias de avaliação, eu preciso de mais silêncio do que nunca. Para lembrar vocês em mim, cada um de vocês. Para seguir com as aulas, colocando-me no lugar de onde vocês vêm e sentem o mundo, mesmo que por alguns segundos.

24 abr
Décima Primeira Carta
O Trabalho Com Imagens: Água e os Bichos de Água

> *Mais uma vez conheci a revolta do corpo contra a entrada no ar desagradável que não oferece ponto de apoio, a sua relutância em desapegar-se do elemento materno que ainda, neste ponto avançado do tempo, abriga e dá vida a nove décimos de tudo quanto vive. Quanto aos homens, essas miríades de pequeninos tanques isolados, com a sua própria vida crepuscular borbulhante, que eram senão uma das maneiras que a água tem de perambular fora do alcance dos rios?*
>
> LOREN EISELEY, A *Imensa Jornada*

Todos nós, cada um de nós, habitou por algum tempo o meio aquático onde não precisávamos comer nem respirar. Um mundo de fartura e eventualmente calmo. Estivemos no útero de nossas mães, um lugar protegido, de temperatura controlada, onde podíamos ouvir um coração batendo em ritmos diversos, um pulmão bombeando o ar que preenchia e esvaziava suas cavidades múltiplas, os barulhos da digestão e tantos outros.

Mas mesmo antes, na história da humanidade, nós viemos da água salgada do mar. Os primeiros seres vivos arrastaram-se rumo à superfície e rumo à terra, criando prolongamentos enquanto deslocavam-se; mais tarde, patas, pernas e dedos foram surgindo no esforço constante de adaptação ao novo meio. Anos, décadas, séculos e mais séculos até chegarmos a ficar de pé e caminhar.

Os bichos de água são como uma lembrança de nossas vidas em meio aquoso, de nossas sensações e percepções do entorno, da maciez, de sermos líquidos arrastados por correntezas e rios, de sermos sem arestas. Acho bonito pensar assim.

A proposta de hoje é deixar que o bicho chegue sem aviso, o primeiro que vier à mente, acolhendo-o em sua estranha particularidade de ser apenas bicho. E imaginar seu tamanho, seu peso, seus contornos, sua movimentação pela água. Imaginar a água, sua temperatura, movimento ou imobilidade, seus outros habitantes.

E, depois, trabalhar em dupla. Não imitar um bicho, mas trazer dele aquilo que o diferencia, que o torna único em avanços e recuos, força ou suavidade, precisão ou imprecisão de movimentos, lentidão ou rapidez de reflexos. A forma não nos importa, mas seus impulsos básicos e as qualidades dos movimentos resultantes dos impulsos.

Muitas vezes surgem bichos inexistentes no mundo real. Mas vêm com tanta potência! Outras vezes vocês trazem anêmonas e estrelas-do-mar, com suas vidas anônimas e ocultas, ou águas-vivas, aqueles seres gelatinosos que podem queimar a nossa pele. Vocês trazem também peixes pequeninos e indefesos na imensidão da água. Hoje foi assim, comovente e simples. Uma aula silenciosa e calma, com seres se movimentando em águas profundas.

São muitas as histórias que se constroem nessa hora em que o ambiente líquido invade nosso espaço. E os verbos utilizados até então podem ajudar nas aproximações e afastamentos, nas perseguições e fugas, nos ataques e lutas mais ou menos agressivas.

Há bichos temerosos ou ousados, serenos ou agitados, pequeninos ou enormes, bichos que vivem em bandos, como os peixes em seus cardumes, e bichos solitários, que não querem companhia e se fecham em suas tocas protegidas.

As aulas de hoje terminaram mais ou menos silenciosas porque as imagens, depois de vividas, nos deixam num estado como que onírico, que demora a passar. Então ficamos em roda, as mãos dadas. Depois alguns de vocês foram escrever e muitos me mostraram os desenhos desses seres de sonho.

Na sala corria um ar encantado, como quando eu era pequena e ficávamos em silêncio vendo a chuva escorrer pelos vidros da varanda, até que anoitecia e minha mãe vinha anunciar a hora do jantar.

12

8 maio
Décima Segunda Carta
A Terra e Seus Seres

Agora vocês sabem que o nosso trabalho numa peça principia com o uso do "se", como alavanca para nos erguer da vida cotidiana ao plano da imaginação. A peça, os seus papéis, são invenções da imaginação do autor, uma série inteira de "se" e de circunstâncias dadas, cogitadas por ele. A realidade factual é coisa que não existe em cena. A arte é produto da imaginação, assim como o deve ser a obra do dramaturgo.

> Se eu, agora, lhes perguntar uma coisa perfeitamente simples como "hoje faz frio?", antes de responder, mesmo com um "sim" ou "não faz frio", vocês, na sua imaginação, terão de voltar à rua e lembrar como vieram, a pé ou com algum transporte. Devem pôr à prova as suas sensações, recordando como estavam agasalhadas as pessoas que encontraram, como levantavam a gola, como a neve rangia sob os seus pés. E só então poderão responder à minha pergunta.[11]

Na aula passada, começamos a investigar nosso trabalho a partir de dentro, ou seja, a partir das imagens criadas. Décadas atrás, estudando processos individuais de criação, descobri em Lowenfeld pistas interessantes. Esse pesquisador fala do trabalho expressivo e de dois tipos de personalidade: os visualistas e os hápticos, sendo

---

11 C. Stanislávski, *A Preparação do Ator*, p. 97.

que os primeiros apresentavam maior memória visual e facilidade ao trabalhar com imagens, enquanto os segundos possuíam uma percepção mais cinestésica, menos visual, guardando sensações e impressões no próprio corpo sem que necessariamente isso tudo se traduzisse em imagens[12].

Em meu livro *O Papel do Corpo no Corpo do Ator*, eu escrevo bastante sobre isso, bem como sobre os sonhos que, às vezes, são lembrados através de imagens fortemente contornadas e, em outros momentos, nos ficam como sensações físicas muito nítidas e novas percepções. A maioria de nós parece conhecer tanto as memórias visuais quanto as hápticas (do grego *haptikós*, agarrar-se, apoderar-se de).

Tudo isso para falar sobre a importância de estimularmos nossa imaginação criando não somente ambientes imaginários, e colocando-nos neles, como também seres imaginários, experimentando situações em que eles se movem e se relacionam com outros seres.

Assim fizemos com os bichos que caminham ou se arrastam na terra, se escondem em tocas ou dormem em cima das árvores. Grandes ou pequenos, podemos criar em nós esses ambientes imaginários mesmo sabendo (e nunca nos esquecemos disso, não é?) que continuamos na nossa sala de aula espaçosa e tranquila.

Podemos, através do "se" mágico, experimentar e nos colocar no lugar de tantos outros seres com nosso próprio corpo. Você, pequeno e magro, nos disse na roda final que havia ficado fascinado, pois, ao colocar-se na pele de um urso, sentiu-se verdadeiramente pesado, grande e muito forte a partir da imaginação.

Pesquisas mais ou menos recentes da neurociência dão conta, por meio de exames sofisticadíssimos, da influência profunda e decisiva da imaginação sobre as sensações corporais. Sabemos que sentir mãos geladas, por exemplo, não é um processo simples. Dados sensitivos são enviados ao cérebro, que os decodifica e devolve com a resposta: frio.

Com a dor e todas as demais sensações ocorre o mesmo: o corpo envia sinais imediatos para a mente e ela devolve com a sensação

---

12 Ver V. Lowenfeld; W.L. Brittain, *Desenvolvimento da Capacidade Criadora*.

correspondente. Na medicina oriental, muitas experiências têm sido desenvolvidas em cirurgias nas quais ocorre uma interrupção desses canais comunicativos por meio de agulhas colocadas em pontos estratégicos. A seguir, a pessoa que está sendo operada é acordada e conversa normalmente.

Não é o caso agora de entrarmos profundamente nesse estudo belíssimo, mas o fato é que o cientista Moshe Feldenkrais, a partir da imaginação, influenciava o corpo de tal maneira que podia alterar nossa percepção a respeito dele[13]. Digo isso porque certa vez participei de uma pesquisa e fiquei assombrada com a intensidade da relação entre corpo e mente, que se estabelece do exterior para o interior e vice-versa.

Nessa aula, caminhou-se por desertos e montanhas, por areias e planícies, por gramados e florestas sem fim. Os bichos, não sua forma facilmente reconhecível, mas os bichos que vocês trouxeram em seus corpos, visitaram savanas e cidades, mundos outros inexistentes.

As qualidades dos movimentos são o que mais chama a atenção, uma certa energia específica, uma certa lentidão ou agilidade na movimentação, a sensação do grande e do pequeno, da vítima e do predador. Quanta coisa a gente vive em apenas uma hora e meia, e tudo transparece no corpo e no rosto. Como os olhares mudam, como os impulsos dos bichos se transformam em ação. E como depois vem um cansaço bom. "Me sinto plena", diz você, sorrindo com a face afogueada e os olhos brilhantes.

Sempre trabalhamos com dois bichos, pois o segundo traz novas possibilidades no contato e na interação. Como sabemos, os bichos são pretextos para que nossa autoinvestigação continue, por isso mesmo nossa liberdade fica maior na pesquisa.

Alguém disse que se sentia como num sonho, mas um sonho que se sonhasse acordado ou aquele sonho que a gente sabe que está sonhando e pode decidir acordar. É isso. Acho que todos

---

13 De Feldenkrais, recomendo o livro *Consciência Pelo Movimento*, São Paulo: Summus, 1977.

concordamos que o nível de profundidade nesse sonhar acordado é que difere muito entre vocês. Cada um cada um, esse é o nosso lema.

Eu poderia continuar a falar com vocês sobre essa relação entre imaginação e corpo, mas acho que falar sobre o que vivenciamos é um pedaço do infinito contido em uma hora e meia de aula. Então vou parar por aqui. Aprendo muito e sempre com vocês.

13 15 maio
Décima Terceira Carta
Os Bichos do Ar

*Somos muitíssimo mais do que
nos dizem que somos.*

EDUARDO GALEANO[14]

Quando nos preparávamos para começar essa aula, você, que tinha chegado dois meses atrás com diagnóstico de hiperatividade e que tinha medo de não conseguir ficar quieto na aula (e está irreconhecível agora em sua concentração), me perguntou se iríamos trabalhar também com os bichos do fogo. "Sim", eu disse. Fui pega de surpresa, confesso. Eu fazia isso anos atrás.

E imediatamente me lembrei de um vídeo/entrevista de Galeano chamado *Sangue Latino*, no qual ele conta em certo momento um mito que fala de pessoas e fogos, fogos tão diferentes entre si que não há um fogo igual ao outro, fogos calmos e serenos que mal sabem do vento e outros que incendeiam o que chegar perto. Procurem e assistam. É lindo. Somos nós. O fogo se alimenta do ar, não é? E não vive sem ele. E é levado pelo vento, cresce e se alimenta dele. Hoje investigaremos como nos movemos no ar.

Enquanto escrevo, penso que na próxima aula trabalharemos esses dois elementos juntos. Faz sentido. Mas, na verdade, foi tudo tão diferente do planejado para uma aula futura. A liberdade vem

---

14 Disponível em: YouTube – Canal Brasil – Eduardo Galeano – Sangue Latino.

sempre em lufadas de vento e no imprevisível. Talvez também por causa disso que eu ame dar aulas. Aulas assim sempre me surpreendem e surpreendem vocês, pois somos muito mais do que pensamos ser.

Veio tanta imagem de criança e coisas de infância que eu, encantada, não registrei na lembrança convencional, mas sim numa sensação de farra de mudança contínua, de passar de uma coisa à outra incansavelmente, da terra, de um bicho, para um enorme ser alado, para ataques e defesas poderosos e aproximações e afastamentos de seres irreconhecíveis e imaginários.

E teve muita risada, muita inquietação, como se estivéssemos pisando terrenos proibidos. Alguns de nós será que não estavam? Ou todos nós?

O corpo registra a vida vivida em sensações, em ausência de sensações, em imagens poderosas, em ausência de imagens, em dificuldade de imaginar. Mas, para o ator, é fundamental poder criar, com sua imaginação, outros mundos, outros cenários, pensar circunstâncias vividas por outros que não ele. E vivê-las.

15 maio

Décima Quarta Carta

O Fogo (O Elemento Que Veio do Vento)

"**O** ar anda seco", você me disse quando cheguei. E é verdade, no outono esta cidade é linda, mas difícil de aguentar. Bronquites, sinusites, rinites e uma sensação de que falta o ar. E falta. Falta o ar puro, o ar que inspiramos com alegria e sem medo. Falta céu estrelado e horizontes sem fim. Vivemos aprisionados entre a vertigem dos prédios e a brecada dos carros. E suas buzinas. E sua poluição.

"Estou com falta de ar", você me diz timidamente ao chegar, "não sei se faço a aula". "Todos estamos, meu bem", eu disse, "o ar está muito poluído. Experimente começar os exercícios de aquecimento. Se for ruim, você para".

Não parou. Esqueceu-se e inventou mundos por onde caminhar, nadar, voar.

Por isso nessa noite estávamos, muitos de nós, com a energia baixa depois de um longo dia respirando mal. Quando não sopra o vento, nós sabemos, a poluição arde nos olhos, queima na boca seca e deixa todo mundo num certo distanciamento das coisas, como se estivéssemos vivendo numa espécie de limbo na cidade barulhenta e suja.

Ao me organizar para a aula, pensei: "A pessoa que eu era pela manhã já não mora em mim. Não posso, portanto, repetir a aula que foi dada". Então fiz uma roda e olhei cada um de vocês, o rosto de cada um. Agora vocês já se acostumaram, por isso silenciam e esperam. Eu também espero. Estávamos todos ali, cansados, mas havia no ar uma eletricidade poderosa que surgia dos olhares, por trás dos olhares.

Então propus um trabalho coletivo diferente para começar. Um trabalho com as diagonais do espaço em que o foco era a exatidão de movimentos que alguém, a cada vez alguém diferente, propunha e desenvolvia.

Isso durou uns quinze minutos e então trabalhamos com linhas de coro, a exatidão espacial das linhas de coro. Nunca havíamos trabalhado assim. Em silêncio, em conjunto, com a atenção voltada a cada vez para uma só pessoa que conduzia os desenhos no espaço, alterava ritmos, mudava a energia.

De repente te vi. No meio do conjunto algo destacou seu vulto, seu corpo enérgico, seu olhar, que tinha uma força, uma intensidade só sua. Lembrei-me das histórias que compartilhou comigo na autoavaliação e me emocionei porque aquele olhar precisava saber, queria descobrir tanta coisa!

Então começamos a trabalhar um corpo que vai devagar incendiando a si mesmo, se transformando e crescendo no espaço em todas as direções, sem direção prevista ou premeditada. Cada qual no seu tempo. Cada um cada um, como sempre.

Lembrei – é incrível isso –, enquanto acompanhava o trabalho de cada um, do meu pai acendendo o fogão à lenha no sítio, em todos os invernos da nossa vida juntos.

Eu era muito pequena. Era muito cedo. Estava muito frio. E o silêncio envolvia a velha casa como num sonho. O fogo demorava a pegar e meu pai ia ajeitando os gravetos, o sabugo seco de milho e as achas maiores. Reparei na precisão de suas mãos e de como os seus dedos pareciam dançar com a madeira e as primeiras chamas.

(Sim, para mim também chegam imagens enquanto trabalho com vocês. E essas imagens me alimentam e alimentam as aulas com um permanente frescor.)

E depois ele soprava muito de leve as chamas pequenas, até que fossem crescendo e aquecessem a cozinha e toda a casa, por fim.

Bem, tanta coisa aconteceu nessa aula linda que fizemos. Vieram as imagens da terra, da calma das montanhas, dos desabamentos, das grutas. Chegou o vento em forma de brisa, depois em tempestades de ventania. Trabalhamos a água, uma gota que escorria pelo vidro, uma torneira aberta, uma cachoeira, um lago sereno, um rio de corredeira. Tantas imagens o mundo nos oferece numa hora em que silenciamos e deixamos que a vida guardada em nós se manifeste.

E chegou o mar com suas tremendas ondas, sua calmaria, seu lamber pedras e areia. Então você passou desabalada por mim, as faces afogueadas de calor, e você era uma dessas fogueiras enormes que se acende nas noites frias, você era o fogo impreciso e ardente, fogo perigoso e alegre ao mesmo tempo, fogo enlouquecido correndo por toda a sala. Sem esbarrar em nada nem em ninguém, como se estivesse solta no ar de fundos despenhadeiros.

Você trabalhava com alguém que se contrapunha em outras imagens, num diálogo irreproduzível e intenso. Olhei minha monitora e ela estava com os olhos cheios de lágrimas, como eu. Pela beleza, pela inesquecível beleza de estarmos ali com tanta vida, com essa energia inesgotável que mora nas imagens que guardamos e que são nossas e somos nós.

As nossas aulas são assim, e eu nunca vou me esquecer deste momento lindo, entre tantos outros, quando você se queimava inteiramente, continuando a ser tão você mesma. Vou guardar para sempre seu rosto, vermelho, pela emoção da dança e de tanta vida possuída.

20 maio

Décima Quinta Carta

Reflexões ao Final de um Domingo

Prestando Atenção ou Saindo do Automático

Agora à tarde lembrei-me que o semestre está acabando. O tempo passou tão depressa e, como sempre, pensei em vocês todos e na caminhada que fizemos juntos por essas semanas em que tanta coisa aconteceu na cidade, no país e no mundo.

Tenho a sorte de conviver e aprender novas vidas com vocês. Novos lugares de onde olhar o mundo, a partir de perspectivas que eu nunca teria imaginado possíveis sem a companhia de vocês.

Há muitos anos, décadas mesmo, eu conheci alguém que não se sentia bem em seu corpo, como se morasse na casa errada. Foi a primeira vez que pensei que, assim como ele, poderiam existir muitos outros. No entanto, essa é uma questão ainda muito louca para mim que precisarei refletir e refletir e que, sem dúvida, me levará a mundos novos, onde talvez tudo precise ser revisto e repensado em busca de mais felicidade.

Mas, para o momento e para nossas perguntas, fiquei pensando numa questão muito simples e, ao mesmo tempo, muito importante que é o quanto vivemos nossas vidas ligados no automático, como se tivéssemos em nós um controlador que vai fazendo as coisas do dia a dia e tomando decisões com base em programas mais ou menos antigos.

Hoje mesmo, enquanto lavava a louça do café da manhã, percebi que meu pensamento estava longe e que minhas mãos agiam de modo maquinal, com pouca atenção e cuidado às ações do momento presente. Então pensei em nós, em vocês e nessa percepção de cada instante sendo vivido. O gerúndio cabe bem aqui: "sendo vivido". Porque a nossa vida está, desde que nascemos, "sendo vivida" segundo a segundo, enquanto nos ocupamos de coisas distintas em lugares distintos, sem prestar muita atenção nela, que vai escorrendo momento a momento, fato a fato, recordação a recordação.

Quando prestamos atenção a cada ato nosso, começando pelo ato contínuo e ininterrupto de respirar, percebemos que o mundo se amplia. Essa consciência dos nossos atos é fundamental: olhar, falar, caminhar, lavar as mãos, mastigar a comida, deitar para dormir, ler um livro, estudar um texto, fazer uma lição... quando desligamos esse piloto automático que faz coisas à nossa revelia, ou antes mesmo de que tomemos consciência da necessidade de fazê-las, tudo se revela como se fosse novo. Novos caminhos que podemos percorrer à nossa maneira, e a cada vez de modo diferente.

De quantos modos se pode caminhar? Por quantos e diferentes caminhos se pode chegar ao mesmo lugar? Com que quantidade de água se pode lavar as mãos e como?

Parece algo bobo, mas experimentem durante uma hora que seja prestar inteira atenção aos seus menores atos e vejam quanta diferença. Quando começamos nossas aulas de pé, quando achamos nosso eixo, encaixamos o quadril, dobramos levemente os joelhos, olhamos na linha do horizonte e tocamos de leve com a língua o céu da boca, como nos sentimos?

Como sentimos o contato dos nossos pés com o chão da sala, como percebemos as leves oscilações de peso de um pé para o outro e o suave balanço de nossos corpos para um lado e para o outro como um pêndulo?

Esticar uma cama percebendo a textura dos lençóis, a maciez dos cobertores e, por fim, o resultado de nossas ações; estender uma roupa no varal, preparar uma refeição com atenção e cuidado:

o cheiro das comidas, a cor e textura dos legumes, as nuances dos temperos, os sabores tão diferentes que se apresentam... são experiências tão verdadeiras da nossa presença viva no mundo. Era nessas coisas que eu pensava enquanto anoitecia e uma lua cheia iluminava a ponta da minha janela. Senti pena de haver tanta luz na praça onde moro, pois essa lua poderia clarear a ponta dos meus dedos se eu estivesse num lugar muito escuro.

16 27 maio
Décima Sexta Carta
Nosso Último Encontro Antes das Férias de Julho

Estamos numa sala na qual nunca fizemos aula. Vocês se preparando para apresentações da próxima aula de voz, um alvoroço, refletores com gelatinas coloridas, espaços sendo recriados.

Eu entro e vocês se sentam, perguntando o que vamos fazer. Acho bonito porque vocês estão sentados na escada como passarinhos em cima das árvores. Pergunto se leram a primeira carta, a que escrevi quando ainda não os conhecia e que entreguei semana passada. Sim. Você, do alto do poleiro, perguntou se poderia ler um trecho das *Cartas a um Jovem Poeta*, de Rilke. As cartas de Rilke lembraram a minha, ou vice-versa, você disse. E leu. Ficamos calados pensando.

O trabalho de corpo nos ajuda nesses silêncios que chegam sem que nada ou ninguém precise interrompê-los. Vocês estavam calados e imóveis, olhos cravados em mim. Então contei um pouco – eu estava muito emocionada e vocês perceberam – de quando eu tinha a sua idade e havia entrado na faculdade de teatro. Quanta descoberta, quanto medo eu tinha e quantas dúvidas que me deixavam acordada noite adentro.

Mais tarde você, encostado na parede perto da porta, me perguntou se eu acreditava na maldade humana. E depois você, que dizia ter um diagnóstico de hiperatividade, sentado bem quieto, respirando tranquilo à minha frente, me perguntou sobre a minha fé.

Ufa! Foi assim. Falamos da vida porque fazemos teatro e é nessa arte que a vida se manifesta com toda sua maravilha e horror, com medo e felicidade, com angústia e plenitude.

Quis escrever chegando em casa, mas então a realidade me trouxe demandas objetivas e eu saí desse lugar onde todos nós nos havíamos colocado: num lugar imenso, sem certezas, feito de recordações, alegria e dor. Num lugar infinito, de possíveis infinitos em cada um de nós.

E hoje mesmo eu gostaria de continuar essa conversa com vocês, mas não haverá muito tempo; só esse de agora, numa breve pausa em afazeres muito banais.

Ao sair, uma querida aluna (você) me trouxe uma carta bem dobradinha. E disse: "Respondi sua carta". "Vou ler chegando em casa", eu disse. E nós duas falamos ao mesmo tempo: "Com um copo de vinho tinto". E sorrimos.

Sobre essa carta, precisei de tempo, muito tempo para decidir colocá-la aqui entre esses escritos, que faço entre lavar a louça e me preparar para o ensaio da tarde. É uma carta linda e sincera. Assinada.

Sinto uma imensa ternura por vocês.

17 Décima Sétima Carta
A Que Não Foi
Escrita Por Mim

Querida Sônia,

Devo admitir que fiquei aliviada ao começar a ler sua carta. Foi um alívio tanto por conta da empolgação que eu estava segurando desde que a havia recebido, sem tempo para ler na hora, quanto pelo que foi dito no primeiro parágrafo. Enquanto lia, percebi que não era uma loucura inútil minha todas aquelas conversas imaginárias com tantos artistas que vieram antes de mim. Grande parte do que aprendo nas aulas de corpo é me dar conta de que o corpo já tem suas razões (como já me disse Thérèse Bertherat), e que trabalha ao meu favor e a favor dos meus desejos. Meu cérebro desenvolveu espontaneamente uma forma linda e divertida de fixar, revisitar e refletir sobre o que eu venho aprendendo sem que eu tenha feito nenhum esforço para isso, e só agora pude ver isso como algo rico e não um simples devaneio sem frutos.

Mas continuamos e começamos a falar de Isadora e sua necessidade por liberdade. Minhas conversas com Isadora foram breves, e o que ela acabou me dizendo mesmo sem saber foi me lembrar que, neste caminho que escolhemos, mesmo os mais tímidos e cerebrais devem saber que, caso se prendam e ignorem seus instintos e desejos, estão perdendo a maior parte da graça e do porquê ser artista. Imagino que a dança de Isadora tenha transbordado de seu plexo solar numa tentativa de ser e engolir o mundo. E eu também não quero perder nenhuma parte de mim que me leve a dançar.

Ao pensar em Stanislávski e Laban apaixonados por Isadora, percebo que preciso urgentemente entender que esses grandes mestres eram, antes de qualquer coisa, pessoas. Jovens, inquietos, com dúvidas, como você disse, que não tiveram medo de explorar suas dúvidas. Em uma faculdade de teatro muitas vezes nos perdemos no sentido do que é ser grande, um grande artista, e acabamos querendo ser como eles em suas técnicas e não em seu espírito, sua prontidão em seguir seus desejos. O que, no fim, é a única coisa que todos os grandes mestres e as grandes mestras têm em comum sempre. Então buscarei ouvi-los como ouvimos suas histórias naquela aula: atentos, instigados e com grande respeito, mas sempre com os ombros relaxados e o riso frouxo de quem sabe que tem ali alguém que está ao seu lado querendo lhe mostrar as maravilhas de uma arte que ama; e só.

Em relação aos impulsos básicos, me deliciei ao descobrir que lutar não é sempre algo que causa dor. E que existem infinitas formas de fazê-lo, assim como o ceder. As categorias de Laban "Movimentos lutantes que resistem (relacionados à raiva ou ao ódio), ou indulgentes e complacentes (relacionados ao amor, entrega, ternura e suavidade)" se mostraram reais, porém por isso mesmo também permitem a sua transgressão, inversão, sobreposição, e seja lá mais o que for. Lutei com ternura, cedi como forma de atacar quem agora se tornava responsável por meu corpo.

O esforço é algo que está fora do nosso controle e, por isso, na primeira impressão, achei que percebê-lo me faria sentir-me presa ou à mercê de algo desconhecido, mas percebê-lo nos liberta enquanto o deixamos se transformar em forma e manipulamos a forma que queremos a partir disso. Nos recriamos ao perceber aquele esforço sem julgá-lo. Nos damos à luz em um movimento feito com a ponta dos dedos.

Explorando cada uma das dinâmicas, percebi diferentes tendências minhas, bloqueios ou prazeres, e sei que mesmo que eu sinta que não registrei de forma mais racional e não anotei grande parte disso tudo (afinal, como anotar nossos infinitos?), essas descobertas ainda reverberam em mim e foram percebidas também pelo inconsciente.

O que consegui vislumbrar acontecendo lá dentro já me abriu uma quantidade imensa de portas; tenho agora muito mais ferramentas em minhas mãos para emprestar-me a outras subjetividades, outros papéis que não o papel de mim mesma. Agora, escrevendo para você enquanto ouço a chuva ameaçando chegar, me lembro do dia em que li sua carta na volta para casa. Vi os mesmos lugares que verei hoje, entrei no mesmo quarto em que estou escrevendo agora. Assim, olhando a cara que eu tinha para mim mesma naquele dia, posso perceber o quanto descobri até agora nas dinâmicas que já fizemos. Entendo realmente o que dizíamos quando falamos sobre cada dia sermos um corpo diferente. Este corpo está mais vivo e mais disponível do que aquele, ao mesmo tempo que ainda carrega as mesmas raízes e tudo o que aquele corpo plantou. Está mais vivo porque está mais presente. Vejo em meu plexo solar o medo de não saber dissolvendo-se e dando lugar à certeza de que o melhor de mim é o que não sei, e não as buscas que já estão terminadas.

Me despeço porque esta carta me deu vontade de escrever para mim mesma, registrar algumas descobertas para poder acompanhar melhor as transformações e descobertas que acontecerão no futuro, nas dinâmicas que faltam e em todas as outras coisas que vamos aprender. Nas aulas e também na Iniciação, o maior desafio tem sido o mesmo: sistematizar o conhecimento para que ele se torne disponível e possa ser colocado em prática, sem cristalizá-lo, sem ser violenta (no sentido ruim), sem querer ser "uma boa atriz" e sim apenas querer fazer.

Agradeço as aulas e principalmente o corpo de confiança e de possibilidades que semeamos e crescemos juntos. Obrigada. Com amor,

Adriana Parron[15]
3 de outubro

---

15 Adriana Parron foi minha aluna durante todo o ano. Foi a primeira a entregar sua carta, que representa, neste pequeno livro, todas as cartas que me foram entregues.

18 10 ago
Décima Oitava Carta
Segundo Semestre

Hoje nos reencontramos. Eu e vocês cheios de histórias e cansados das férias.

Esse é um lugar para o qual sempre queremos voltar, um lugar que nos faz falta. A todos nós.

Essa carta é para todos, mas especialmente para duas pessoas que conversaram comigo após essa aula, que foi de fato um grande encontro.

Para você, que perdeu seu amigo peludo de tantos anos e de tanto amor e que ainda está de luto. Conversamos, no corredor, sobre o tempo de um luto; o triste, longo e pesado tempo no qual uma grande ausência vai se desenhando dentro de nós, em nós, até que se consiga falar dela sem chorar, quase sem chorar. Tempos longos esses do sofrer perdas definitivas. Muito longos.

Às vezes ficamos vazios ou, confundindo as coisas, pensamos em visitar alguém que já partiu. Às vezes ficamos pensando que o tempo poderia retroceder e, como magia, haveria um tempo, mesmo que pequeno, para uma conversa que não aconteceu, para um gesto de carinho que não existiu, para um abraço bem demorado que nossos braços nunca mais poderão dar.

O luto é o nunca mais. E o nunca mais dói como uma faca, uma espada, um grito sufocando nossas gargantas cansadas. Você sabe, eu sei.

E você tenta compreender porque as palavras, que são tantas e poderiam derramar-se como cachoeiras, ficam presas na sua garganta. Você quer entender essa aflição que trava a língua, fecha a garganta e não te deixa ser feliz.

Hoje nosso aquecimento foi um interminável passeio estabelecido entre três lugares da sala para se chegar. Esses lugares deveriam ser acessados em algum momento, e o rigor do trabalho seria este: passar/passear de um a outro ponto, criando caminhos, tecendo redes invisíveis que permaneceriam em vocês mesmo após o trajeto ter sido realizado. E, em silêncio, aguçando os ouvidos para os pequeninos sons, para os estalos dos dedos dos pés, para o oxigênio entrando e saindo dos pulmões, para um bater mais lento ou mais rápido de tantos corações. Se alguém cruzasse o meu caminho, algo poderia acontecer, algo que realmente partisse de um sincero desejo. Um toque. Uma conversa demorada ou rápida de um eu ao outro eu. Num terceiro momento, alguém poderia seguir um tempo com outro alguém que, por acaso, estivesse indo na mesma direção. Ou não.

Tempo de caminhar.

Tempo feito de escolher por impulso, por desejo de fazer. Prestar atenção nos impulsos e perceber se eles se realizavam ou não.

Escolha de parceiros. Se me sinto hoje azedo, quem me parece doce para trabalhar comigo? Quem me ensinou esse jogo foi Ilo Krugli, um grande diretor e ator de um teatro chamado Ventoforte. Escolher é sempre um jogo, uma brincadeira séria. E começamos em duplas, alguns trios. Um agir sobre o outro, uma ação que produz uma reação por impulso, assim como quando levamos um choque e o corpo se afasta instantaneamente do perigo. Por impulso eu fujo, por impulso me aproximo mais, por impulso escapo ao toque ou provoco o toque. Ação e reação. Troca do provocador e continuamos até que a relação entre vocês se torne uma dança que não se interrompe mesmo quando estão imóveis.

E, quando imóveis, atentar para essa dança que segue dançando em nós pelos poros, pelos músculos, carne, sangue, coração bombeando o sangue, pulmão que se expande e se contrai. Uma dança que é sem fim.

Seguimos assim atravessando o tempo, vivendo intensamente o tempo mesmo do viver. E reconhecendo no outro um "outro" nós mesmos, presos nesse tecido forte e, ao mesmo tempo, diáfano que a poesia tece nas aulas.

Por fim, conversamos em roda. Sempre assim. Olhos nos olhos nessa proximidade enorme de ser gente. Às vezes não falamos, às vezes conversamos coisas banais, falamos do calor e de quando é que a chuva virá e outras coisas assim.

Mas estamos diferentes de quando chegamos para o início da aula, respiramos mais e melhor, nos olhamos como quem não tem nenhuma pressa. E acontece também de não termos vontade de quebrar esse encanto ao sair para o "mundo real", "o mundo lá fora", como dizia minha mãe.

19 | 15 ago
Décima Nona Carta
Introdução Teórico/Poética ao Estudo das Dinâmicas do Movimento ou Ações Básicas do Esforço

Essa aula foi teórica. Mais ou menos teórica. Nela fui me lembrando de tudo o que fizemos no primeiro semestre e desenhando, junto com vocês, nossas descobertas. Fomos todos nos lembrando das aulas e resgatando com essas lembranças o trabalho proposto por Laban. E então contei a vocês uma história que eu gosto muito. Desde pequena, gosto de histórias. As informações estão nos livros que constam do nosso plano de ensino, mas essa história está ligada a muitas pessoas com as quais trabalhei e com as quais continuo "conversando" sobre o que foi vivido. Claro que conversamos com pessoas que não estão por perto. Ou não? Conversamos uns com os outros, com os livros, as músicas, os espetáculos, os filmes.

Eu converso com personagens dos livros que estudo, com tantos artistas dos quais nunca estive perto. São meus companheiros de jornada, aqueles com quem me identifico e com os quais de algum modo associo minha vida e minhas inquietações. Converso com antigos professores há muito falecidos, contando a eles minhas descobertas e falando das minhas dúvidas e receios.

Parece louco, mas não é. Pensem nisso.

Falar de Laban e de Stanislávski é começar com Isadora Duncan[16]. Eu poderia começar bem antes falando de Noverre, Delsarte

---

16 Para saber mais sobre a vida dessa bailarina e coreógrafa, recomendo a leitura de sua autobiografia *Minha Vida*, Rio de Janeiro: José Olympio, 1986.

e Dalcroze. Esses três nomes, que vocês não devem esquecer, poderão ser procurados nos livros e no Google, se quiserem e puderem, pois estão nesta nossa história em diferentes séculos.

Falar de Isadora é sempre pensar na Isadora menina acompanhando a mãe em aulas sobre uma técnica nova naquela época, a técnica Delsarte[17]. É lembrar também de crianças dançando entre panos coloridos, minhas primeiras alunas, e de mim mesma pequena girando na chuva, gritando e desafiando os raios e trovões, os pés escorregando na terra molhada. Falar de Isadora é falar de vida em liberdade. De escolhas e alegria.

É lembrar que ela nasceu no século retrasado, em fins de 1800, e viveu o início de sua vida na Califórnia. Então imaginamos Isadora cheia de questões com relação à dança, à sua vida e ao mundo de então: ela precisava ser livre ao dançar; livre dos gestos apreendidos, livre dos códigos e formatos de uma dança que não admitia o erro e que já vinha pronta como uma roupa que se precisa vestir, mesmo que aperte um pouco.

Para Isadora, a vida e a dança eram irmãs. Ela tentava entender. Ela precisava responder muitas perguntas, as suas perguntas. Isadora pesquisava de onde nasciam e vinham os impulsos que a levavam a dançar, como o desejo se manifestava em seu plexo solar e como tomava conta e forma do seu corpo.

E ela continuamente se investigava. Começou bem jovem a dançar uma dança que era só sua e foi se apresentar na Europa envolta em véus e onde lhe oferecessem espaço. Estamos falando de coisas que aconteceram há um século.

Estamos no início do século passado. E Isadora era essa mulher extraordinária, uma artista única que teve uma vida curta e muito intensa. Viveu apenas 45 anos, morrendo tragicamente num esplendoroso verão em Nice, enforcada pela própria echarpe enquanto passeava num carro conversível.

---

17 A *Revista Brasileira de Estudos da Presença* tem um número dedicado exclusivamente à pedagogia de François Delsarte e encontra-se disponível em: <http://www.seer.ufrgs.br/presenca>.

Há livros e filmes sobre sua vida que podem ser lidos e vistos por vocês. Sua importância se espalha pelo teatro e pela dança: Stanislávski e Laban se encantaram com sua dança e com ela, por quem ambos se apaixonaram. São muitas as histórias, e eu sempre gostei de conhecer a vida das pessoas que me acompanham até hoje enquanto professora e artista. Isadora é uma delas. De personalidade inesquecível.

Bem, o primeiro semestre no Célia Helena tem Rudolf Laban e Constantin Stanislávski participando juntos da formação de vocês. Sempre os imagino jovens e cheios de perguntas, tal como vejo vocês na minha frente. Sempre os imagino cheios de questões, experimentando o que parecia estranho no tempo em que viveram, sempre os imagino observando a vida e as pessoas sem o véu dos preconceitos, sem os "tem que ser assim", os padrões e as fórmulas, sem tantas normas que regem a vida da maioria das pessoas.

Sobretudo, para voltarmos à nossa aula de práticas corporais sempre imagino Isadora dançando à beira-mar, e Laban viajando para ver como outros povos viviam e dançavam, aprendendo com eles a infinita diversidade de tantos modos de se viver.

Vocês hoje estão tão calados e tão concentrados ouvindo essas velhas histórias. Isso me emociona tanto. Fico desejando ser a cada dia uma professora melhor, fico querendo compreender cada um de vocês para poder encaminhá-los na vida de artistas que escolheram, para que um dia vocês também descubram o caminho, entre tantos, no qual querem estar, no qual possam ser felizes...

Vamos pensar agora em nós. Nas pessoas. Nos nossos impulsos básicos: lutar e ceder. Quando luto, o que acontece comigo? Quando cedo, o que ocorre? Laban fala em dinâmica de deusas e demônios. Movimentos lutantes que resistem (relacionados à raiva ou ao ódio) ou indulgentes e complacentes (relacionados ao amor, entrega, ternura e suavidade).

Vamos pensar no famoso binômio estabelecido por Laban: o E/F (*Effort/Shape* ou Expressividade/Forma), sendo *Effort* a parte interior do movimento e *Shape*, a forma na qual se apresenta uma ação exteriormente. De fato, uma ação se compõe de E/F e liga-se às intenções que a contém, aos impulsos que levarão aos atos, a um mundo de sensações, emoções e percepções das quais nos damos conta só em parte. Muitas delas não transitam pelo nosso consciente. Há impulsos que não se exteriorizam, e já falamos bastante disso. Mas eles, de algum modo, transparecem mesmo que seja em microexpressões, em microgestos que se desenham tímidos e, muitas vezes, sem nossa plena consciência. São os movimentos de sombra, dos quais muitas vezes nos damos conta também sem consciência. Esforço, impulso interno a partir do qual se originam os movimentos. Movimento que já existe dentro e que pulsa pedindo exteriorização. E que aparece abaixo da linha do nosso controle.

Os esforços externos, como no empurrar, por exemplo, acabam por se ligar a forças internas, sendo que os graus de tensão vão do mais leve ao mais forte/pesado. Os esforços se manifestam através de peso e força, espaço, tempo e energia utilizada.

O esforço interno é o impulso para o movimento, e sua força propulsora é a energia desenvolvida por um processo de combustão no interior dos nossos corpos, dos nossos órgãos vitais. Nossa movimentação reflete nossa vitalidade interior/exterior. Tudo junto e misturado, como sempre brincamos e como vocês costumam falar.

Perceber nossos impulsos feitos de desejos e consequente energia disparada e produzida pelos desejos é uma importante investigação para o ator, já que as descobertas, mesmo tendo coisas em comum, são bastante individuais. Perceber como esses impulsos surgem, se externalizam e vão se modificando, sempre como um céu em dia de vento, é um dos propósitos das nossas investigações.

Com o objetivo de estudo prático de nossas posturas, movimentação e gestualidade, vamos pesquisar nossas relações com o mundo e com o outro sem perder de vista a interioridade que nos acompanha desde que nascemos. E vamos fazer isso de modo bem simples e rigoroso, lembrando sempre da nossa máxima em aulas: "cada um cada um", sem julgamentos, sem críticas, sem comparações.

E, sobretudo, sem nos punirmos, pensando sempre que todos somos humanos e conhecemos de tudo um pouco. E todas as emoções, tanto as nossas quanto as das nossas personagens, não estão sob julgamento.

A movimentação humana acontece no espaço (direto ou flexível) durante certo tempo, em ritmos que variam de súbito ao ralentado/lento, com certo peso e com certa energia, que varia da forte à suave e que se move junto com a gente, em fluxo contínuo, mesmo quando estamos imóveis. A movimentação também pode ser periférica, sem envolver cintura pélvica e coluna, ou passando sempre pelo centro do corpo e expandindo-se para fora, para as extremidades.

Após muita observação, Laban encontrou as oito dinâmicas do movimento ou ações básicas do esforço que são, em termos de intensidade, quatro fortes e quatro suaves. As fortes são: empurrar/puxar (direta, lenta, forte), torcer (indireta ou flexível, lenta, forte), socar (direta, súbita, forte) e chicotear (indireta, súbita, forte). As suaves são: deslizar (direta, lenta, leve), flutuar (indireta, lenta e flexível), pontuar (leve, súbita/rápida e direta) e sacudir (leve, súbita/rápida e indireta). Vamos experimentá-las uma a uma e as passagens possíveis entre uma e outra. De muitos modos. Em muitas sequências.

Conversamos bastante sobre as nossas dinâmicas básicas, como elas se formaram, como as mais usadas dão conta do nosso temperamento e personalidade, como podemos ampliar nosso repertório de pensamento/movimento ao experimentarmos outras ações básicas que pouco usamos e que nos parecem difíceis ou não parecem ter nada a ver com a pessoa que somos, ou que pensamos ser.

Vimos também como se dá a expansão desse conhecimento a respeito de quem somos a partir da forma como nos movemos e o que buscamos com nossa movimentação e nosso estar no mundo.

Foram lindas as perguntas e incríveis as colocações. E foi importante ligar tudo o que falamos a nosso respeito com a arte do ator e as personagens da ficção. De fato, esse estudo alarga nossos horizontes sobre quem somos e amplia nosso repertório para nos colocarmos em situação, para vivermos outras vidas e nos imaginarmos em outras circunstâncias que não vivemos ou que não nos pertencem.

Através dessa observação de si realizada junto com o outro, podemos conhecer diferentes dimensões desse mundo ao qual denominamos "eu mesmo", sempre em relação à nossa própria natureza e à natureza do outro, que aprendo a conhecer.

Foi bonito também constatarmos que vivemos num fluxo, ora mais livre, ora podendo ser ralentado e estudado, percebido letra a letra, como se escrevêssemos e inscrevêssemos em nós mesmos. Então aqueles de nós que estavam hoje na aula não serão os que encontraremos na próxima semana: fluxo, corações batendo em tantos ritmos, respirando juntos ou separados nos tantos modos possíveis de se viver. O movimento que segue mesmo quando estamos parados, ou dormindo e sonhando.

Sou muito feliz trabalhando com vocês, pessoas mais que queridas!

Esta carta pede respostas. E eu espero por elas.

20

22 ago
Vigésima Carta
Kinesfera e a Dinâmica do Deslizar

Hoje cheguei um pouco antes. Alguns de vocês já estavam se aquecendo.

Vamos começar pontualmente. Os que se atrasarem entram invisíveis e sem perguntas. Esse é o nosso combinado desde o início do ano.

No semestre passado trabalhamos no chão, depois sentados, especialmente com as "remadas" do *tai chi* como aquecimento e finalmente com a sequência 8-4-2-1[18] criada por Kurt Jooss, discípulo de Laban.

Agora penso em diversificar ainda mais o repertório de movimentação de vocês com a exploração da kinesfera[19]: proposta por Laban, trata-se do espaço à nossa volta que pode ser alcançado pelas extremidades do nosso corpo. Vamos trabalhar durante todas as aulas do semestre, e esse estudo se soma ao estudo das dinâmicas. Tudo com o objetivo de aumentar nossa expressividade.

Nós (nossa pessoa/corpo) gostamos do bem-estar, e nosso cérebro aprende com facilidade. Todo esse trabalho a ser realizado amplia

---

18 Esse exercício me foi ensinado por Cybele Cavalcanti e vem de Kurt Jooss, que foi aluno e assistente de Rudolf Laban. Os princípios do 8-4-2-1 são peso, ondulação e balanço. O exercício aquece e prepara rapidamente o corpo do intérprete através de balanços para a frente do corpo, para os lados e para trás.

19 "Área em torno do corpo limitada pelos movimentos de braços e pernas, tendo sempre o tronco como centro. É o espaço que o corpo pode ocupar em sua maior amplitude, sem, no entanto, qualquer deslocamento" (S. Machado de Azevedo, op. cit., p. 69).

a consciência de quem somos (peso, ritmo, energia que utilizamos) e também acrescenta novas experiências.

Por incrível que possa parecer, e porque seguimos aprendendo pela vida afora, nossa capacidade de nos movermos, em comunhão/ intercomunicação com a capacidade de nosso fluxo de neurônios, passa a registrar o aprendizado de modo a não precisarmos pensar mais: o corpo/eu pensa por si só e toma decisões em questão de milésimos de segundos, mesmo antes de termos consciência disso.

Num trabalho primoroso realizado e registrado por Analivia Cordeiro, Claudia Homburger e Cybele Cavalcanti que se chama *Método Laban*, podemos ver os registros e notações do trabalho que iremos realizar na cruz das diagonais. Nessa cruz, os três planos do espaço se unem para propiciar uma investigação consistente e bela.

Vamos experimentar a movimentação periférica: apenas passando de um ponto a outro com as extremidades do nosso corpo (braços e pernas) e a movimentação com passagem pelo centro de gravidade que se expande desse centro para os diversos pontos periféricos. Como sempre, concentração e atenção, intenção e decisão e, por fim, a precisão na forma e limpeza dos gestos farão parte do rigor desse estudo.

Prestamos atenção nos nossos apoios e na nossa respiração. A repetição fará com que o aprendizado através dessas novas experiências de movimento abra novos campos perceptivos.

Na segunda parte da aula, começamos a pesquisa do deslizar: movimentação lenta, direta e suave. Direção com foco. Sem desvios. Sensações, percepção do corpo numa movimentação sem tempo. Tempo ralentado que nunca passa, nunca acaba.

A sala se fez silenciosa, e o espaço se desenhou em linhas retas que se cruzavam ou se teciam paralelas, cada qual rumo a um lugar. Uma atmosfera que, com o passar do tempo, ia se tornando densa e embelezada pelos rostos de vocês, se suavizando com a dinâmica, com os olhos que não se desviavam do rumo traçado. Com a atenção muito focada.

Depois, caminhando dois a dois. A seguir, mais compartilhamento dessa experiência única e silenciosa, como uma meditação inacabável. Ao final, nos quinze minutos de improviso, uma explosão de liberdade com giros, saltos e gritos.

E muita conversa.

30 ago
Vigésima Primeira Carta
Empurrar/Puxar

Continuamos nos aquecendo na cruz dimensional de Laban. Desta vez, usando pontos das dimensões da porta, mesa e roda ou os três modos básicos do nosso corpo dividir o espaço: frente/trás, cima/baixo ou lado/lado.

Trabalhar com essa dinâmica é experimentar o peso/força. Então começamos no chão em tentativas de subir, lutando com a gravidade que nos chama para a terra. Uma parte do corpo de cada vez empurra o chão na tentativa de subir e levar o corpo a ficar de pé. É difícil, é exaustivo. Há muitas e muitas maneiras de subir, mas nossa experimentação hoje é lenta, forte e direta. Essa é a dinâmica do dia.

De pé, proponho que trabalhemos em dupla, voltando ao empurrar e tendo agora como jogo a relação com a pessoa que está comigo nessa ação. Logo se percebe que a ação leva imediatamente a uma reação: se não respondo com força, eu caio.

Esse é um exercício que pede apoio firme no chão. Que pede rebaixamento do centro de gravidade para melhor firmar o corpo. Que exige uma atenção concentrada na respiração, no centro de energia, o *tan t'ien*[20], e nos caminhos dessa energia que se concentra e se espalha em intermináveis fluxos.

---

20 *"Tant'ien* é a região localizada no abdômen interior, num ponto a três dedos abaixo da linha do umbigo que é considerado o centro irradiador de *ch'i*, a energia. *Tan* significa essência vital, *t'ien*, campo, lugar" (S. Machado de Azevedo, op. cit., p. 97).

Hora de prestar atenção também no tempo expandido, que parece não ter fim. Essa é uma investigação para perceber o desenho dos gestos sendo construídos pouco a pouco com clareza e precisão. Um estudo da percepção, atento, detalhado, focado, olho no olho. Empurrar e puxar são os dois lados da mesma ação de esforço. Porém, trazem ao ator possibilidades de experimentação opostas muitas vezes. Quem puxa quer trazer para perto e quem empurra quer que o outro se afaste. Mas, e quando eu afasto com o olhar e puxo com os braços? E o contrário? Cuidado sempre: o tempo é lento, a energia é forte. Uma movimentação que pede terra, apoio, centro de gravidade em ação. Improviso com os tecidos. Atração e repulsa. Improviso final: empurrar/puxar e deslizar. Quanta mudança, não é? Uma cena pode ser construída apenas com essas duas dinâmicas. Pensem nisso.

Improviso livre final: quais são os seus impulsos agora? Dance livremente.

6 set
Vigésima Segunda Carta
O Torcer

Para essa dinâmica, caprichamos na preparação do corpo. Assim evitamos machucados e dores futuras. Vamos retomar os aquecimentos vindos do *tai chi* com as rotações lentas e a atenção voltada para a parte do corpo que se move.
Lembramos nossa postura básica: pés paralelos, joelhos flexionados, quadris encaixados, olhar na linha do horizonte e língua encostando sua ponta no céu da boca. Atenção aos ombros, que devem estar relaxados pelo peso.
Giros, inspiração e expiração. Lenta e atentamente.
Exercício final 8-4-2-1. Atenção à coluna e soltura da cabeça por peso. Impulsos e percepção do peso das partes do corpo trabalhadas.
Por fim, mais uma exploração da kinesfera. Primeiro com pontos dirigidos e depois livremente em improvisos solos e em duo.
E agora vamos para o torcer, essa dinâmica forte, lenta e flexível no espaço.
Podemos começar no chão, depois passamos ao plano médio e, por fim, ao plano alto. Logo vamos perceber que os movimentos fortes são facilitados se realizados para baixo, com a gravidade a nosso favor.
Vamos sempre ser rigorosos na investigação: tento perceber meus próprios limites e chegar naquele ponto em que todo movimento é travado. E então, aos poucos, ir soltando a força e deixando que a energia reflua para o lugar de onde veio. Vocês vão logo perceber que a volta do torcer é um flutuar.

Num segundo momento, vamos experimentar o torcer com a ajuda das nossas cangas: torcê-las e nos torcer junto com elas. Terceiro momento: torcer-nos dois a dois. É sempre bom repetir que, se alguém se sentir constrangido com essa intimidade, pode continuar sozinho. Lembro sempre como esse exercício nasceu de uma imagem que vi há muitos anos: duas árvores sozinhas na imensidão do deserto, crescendo juntas, com seus troncos enroscados, enrolados, torcidos. Eram duas árvores e era uma só árvore. Eram duas protegidas, protegendo-se em si mesmas. O trabalho de vocês foi potente e rigoroso. Torcer. Travar. Distorcer. Destravar o corpo, flutuando com leveza. Pedi que experimentassem passagens entre as três dinâmicas investigadas até agora, prestando bem atenção em cada detalhe. Postura, apoios, alavancas e respiração. Respiração sempre.

A seguir, como em todas as aulas, vem um momento de dança livre.

Com algumas exceções, vocês continuaram nos ritmos lentos, ora suaves, ora intensos. E depois conversamos longamente sobre pensamentos, sensações, como transpor o vivenciado no trabalho da interpretação.

E, como sempre, com o tempo a nos dizer que acabou por hoje, encerramos.

12 set
Vigésima Terceira Carta
Socar/Bater/Chutar

Com essa dinâmica, vamos hoje exercitar uma ação de explosão. Seu preparo se desenvolve lenta ou rapidamente. Algo se constrói em mim. Vagarosamente vai se delineando sem que eu perceba. Uma vontade de gritar. Ou de dançar. Ou de correr. Desejos escorrem constantemente, rios por dentro de mim/corpo. Desejos correm por dentro. Mas onde está a saída? Lembrem-se de como se forma uma tempestade, lembrem-se dos raios e trovões. E também de quando, bem antes disso, o ar parece estranho, o dia parece "parado", como se algo fosse acontecer. Como se forma uma tempestade? Como se ergue uma onda? Onde começa a se formar uma onda?
De repente. No de repente mora a saída. Na flecha que dispara independentemente de mim e que busca um alvo. Mas aonde em nós essa onda vai se erguendo? Em que parte de mim posso sentir isso que se avoluma para depois explodir, lançando ou me lançando no espaço à minha frente, ou ao meu lado, ou para trás de mim, mas sempre num corte direto, numa linha reta indivisa. E como posso perceber o momento, o instante, o segundo da decisão? E que decisão será essa?
Súbita. Essa dinâmica é uma explosão, e o momento do estouro da onda acontece quase que à nossa revelia. "Como?", você parece me perguntar sem palavras, com seus olhos enormes e sonhadores. "Como?"
Esse movimento de soltar-se com força parte de um centro que se pode sentir como uma tempestade de verão que vai se armando

devagar ou mais rapidamente no centro de nós, que talvez possamos sentir no plexo solar, de onde tudo pode se irradiar.

Muitas vezes a filosofia e a poesia podem nos indicar caminhos para se pensar as ações. Como em tudo durante a vida, cada um de nós há de encontrar seus caminhos.

> tentei construir um dique
> quando a poesia se tornou sagrada
>
> poesia de acidente
> uma moça toda molhada[21]

> ■ ■

> Para ser um autêntico arqueiro, o domínio técnico é insuficiente. É necessário transcendê-lo, de tal maneira que ele se converta numa *arte sem arte*, emanada do inconsciente.
> No tiro com arco, arqueiro e alvo deixam de ser entidades opostas, mas uma única e mesma realidade. O arqueiro não está consciente do seu "eu", como alguém que esteja empenhado unicamente em acertar o alvo. Mas esse estado de não-consciência só é possível alcançar se o arqueiro estiver desprendido de si próprio, sem, contudo, desprezar a habilidade e o preparo técnico.[22]

A observação da nossa própria natureza e a atenção constante aos sinais emitidos por nosso corpo numa escuta permanente podem nos indicar quando uma pequena ou imensa onda começa a se formar em nós, grande oceano que somos.

Como estamos respirando? Como está batendo nosso coração? Está aflito e acelerado ou está sereno? Parece um tambor que toca

21 A. Dahmer, *A Coragem do Primeiro Pássaro*, p. 34.
22 E. Herrigel, op. cit., p. 10. (Grifos do autor.)

forte ou, de tão silencioso, nada sei dele, quase quieto? Mostra-se superficial ou profundo? E que sensações isso nos traz? E nossas exterminadas: frias, quentes, relaxadas ou contraídas? Como estamos nesse exato instante em que esse olhar interno que possuímos nos analisa carinhoso e sem julgamento. Como escuto a mim mesmo no instante em que vivo?

Em que *estado* nos encontramos no segundo em que vivemos esse interminável agora no qual nossa vida sobre a Terra se desenvolve? Muitas vezes voltaremos a isso, a essa percepção de algo: estados interiores que acabam criando atmosferas exteriores sensíveis aos outros seres vivos. O tempo todo afetando nosso entorno e sendo por ele afetados numa conversa interminável com o mundo, que começa com o nascimento e segue ininterrupta até nosso último suspiro.

As dinâmicas do súbito nascem do instante em que subitamente nos damos conta de algo que já está acontecendo, seja um vetor que nos leva para fora e além de nós, seja, ao contrário, algo que nos atinge vindo de fora e de repente, porém com intensidade. Essa é a dinâmica da qual estamos falando.

Chutar, bater e socar acontecem quando há, de nossa parte, uma reação forte e direta no espaço. Algo em nós dispara, como a flecha do arqueiro. Mas esse algo e sua consequente reação não vêm do nada. São o resultado final de um trabalho muitas vezes longo, delicado e dedicado, em que a disciplina é fundamento.

E, muitas vezes, só tomamos consciência desse ato alguns segundos depois de ocorrido. Algo em nós disparou.

24

13 set

Vigésima Quarta Carta
Tempo de Flutuar, ou Caminhando Para a Primavera

O flutuar é dinâmica do ar, pede brisa, pede sempre um pouco de vento, pede uma mente/corpo sonhadora que se deixa levar lenta e suavemente, sem direção prevista nem qualquer pressa. O corpo então se vê todo flexível, com cada articulação desejando ser pipa em céu de quase primavera, para ali e para lá, desenhando linhas sinuosas entre as nuvens. Muitas linhas sinuosas ao mesmo tempo e em várias direções, no todo enorme do céu das nossas vidas.

Com o flutuar, alguém quer estar em todos os lugares ao mesmo tempo, mas sem ansiedade. Como se isso fosse possível. Porque isso é possível. Então as extremidades desenham círculos e outras sinuosidades à volta do tronco. E o tronco dobra-se e mira lugares ao longe, ao alto e atrás de si, como se tivesse muitos olhos para olhar todo o belo mundo à sua volta. Partes do corpo se tornam olhantes, todas ao mesmo tempo em direções múltiplas e enevoadas como um amanhecer cheio de bruma.

Desejo de ser muitas e muitos, de ser corpos que dançam no pleno ar à volta com apoios bem plantados na terra e sem medo de cair, deixando-se simplesmente levar.

Como podemos nos sentir tão leves?

Laban nomeia dois centros no nosso corpo: centro do peso, da cintura para baixo, com os grandes ossos que compõem nossos quadris; e centro de leveza, para cima, como se crescêssemos para o alto e rumo ao céu, levantados pelo esterno e os músculos que o envolvem.

Peso e leveza. Tão complementares, trabalhando em harmonia para que possamos alçar esse voo imaginário que percorre além de nós, em torno de nós, tentando ir ainda mais além.

Para essa ação básica, nos alongamos durante vinte minutos. E depois disso, na segunda parte da aula, houve a surpresa! E vou contar como cheguei a "inventar" o modo de apresentar essa dinâmica. E essa história tem nome: é a história de Maria, adolescente que conheci em um curso de teatro muitos anos atrás.

São mais de vinte anos e seu rosto não sairá jamais da minha memória. Maria tinha uma doença degenerativa e estava cada vez mais imobilizada, presa em si mesma, com toda a energia dos seus dezesseis anos. Ficava em sua cadeira de rodas assistindo às aulas e sorria sempre. Às vezes ria muito com sua boca linda e grande e, à sua maneira, parecia feliz. Porém, tinha olhos enormes e tristes em seu rosto inesquecível.

Enquanto preparávamos nossa apresentação de final de ano, Maria trouxe um sonho para a roda do início da aula: sonhou que era uma borboleta colorida e que voava muito alto. E sorriu.

No silêncio que se seguiu, me ouvi falando (sem que eu tivesse pensado qualquer coisa): "Então você vai voar no dia da nossa festa!"

E Maria voou e flutuou no ar muito tempo com um leve vestido muito colorido e um batom vermelho (que me pediu) em sua boca risonha. Como? Foi erguida por nós e por um enfermeiro que a acompanhava e dançou no ar assim como dançamos hoje, sem precisar de apoios no chão, sem ter que lutar com a força da gravidade. Plenamente ela mesma, leve, borboleta de si mesma em pleno ar.

Naquela tarde em que Maria virou borboleta, nos olhamos ao final, mutuamente agradecidos por tê-la conosco, por tê-la conhecido em sua breve vida de borboleta, tão simbólica do pouco tempo real que a esperava, já que seus movimentos diminuíam a cada dia.

E foi me lembrando dela durante toda a aula que vocês flutuaram nos braços uns dos outros, sempre mais para o alto, voando no ar cálido da nossa sala envidraçada, por vezes permeado de suspiros e cumplicidade.

Simplesmente voaram em todas as direções, e o espaço da sala lentamente foi sendo possuído por vocês, nuvens, ou gaivotas à mercê da brisa de uma tarde qualquer. Uma tarde muito longa.

20 set
Vigésima Quinta Carta
Pontuar, ou uma Viagem
à Infância

A chegada da primavera pode ser percebida de diversos modos: um pássaro que começa a cantar cedo demais, uma vontade irresistível de chorar sem mais nem menos, sem saber o porquê. Pensamentos levemente desesperados sobre como o tempo passa rápido demais e o ano está acabando.
Uma energia danada que parece um desperdício.
A chegada da primavera traz sérios e loucos desejos de mudança, de fazer coisas impensáveis e leves. De irresponsabilidade e rapidez.
Nosso preparo aconteceu em pequenas rodas, sempre com alguém no centro de olhos fechados. Um silêncio de se ouvir muito longe na avenida os carros passando sem incomodar.
Pontuar: direto, rápido e leve. Também chamado de espanar ou brilhar. Estrelas luzindo num céu claro de verão, algo que pisca muito longe no mar, como a luz intermitente de um pequeno barco.
Movimentos em direção definida, com energia leve e delicada, como o bater de asas de um beija-flor, como gotas de água respingando depois que a tempestade passou. Como deixar-me tremeluzir? Como ficar tão leve a ponto de transparecer e me revelar sem pensar nem ter nenhum medo de julgamentos?
E assim, com esses pensamentos no círculo e com os olhares se cruzando em total cumplicidade, é que iluminamos todo o corpo daquela pessoa que está dentro da roda de olhos fechados. Cócegas leves, sopros rápidos e delicados, tirando o pó do ano que passou,

cobrindo o corpo à nossa frente de suavidade, não deixando nada esquecido da cabeça aos pés.

Depois que todos foram alvo do jogo, é hora de levar isso para o espaço da sala em correrias leves e silenciosas, cutucões e disparadas, corridas nas pontas dos pés.

E então vejo a sala cheia de crianças em suas brincadeiras em antigos quintais: procurar e esconder, dar sustos e aparecer de surpresa. Gritos, sustos, um tempo correndo célere, e nós simplesmente ocupados com a arte de viver cada momento. Plenamente.

Casas de avó, bagunças em noites de festa, correrias em quintais nunca conhecidos, imaginação à solta, criando tudo o que não aconteceu, mas o desejo gostaria que tivesse acontecido. E então se faz acontecer. Amanheceres e anoiteceres na plenitude do viver sem culpa. Muita alegria e muitas risadas nesse nosso encontro.

E muitas histórias repartidas entre risos e gargalhadas intermináveis.

26

27 set

Vigésima Sexta Carta
Tempo do Chicotear, ou o Prenúncio das Grandes Tempestades dos Finais de Tarde (As Nossas e as da Terra)

Sempre que penso nessa dinâmica, penso no fogo e em Galeano, que me deu para sempre imagens incomparáveis: pessoas como fogos grandes, fortes e fogos fracos que nem queimam, talvez. A profunda diversidade entre as pessoas, diversidade a ser sempre respeitada.

O chicotear é uma ação explosiva, mas diferentemente do socar espalha-se em todas as direções. Ou seja, parte de um ponto central e explode em muitas direções.

Quando eu era pequena, passávamos as férias no sítio do meu avô. Lembro especialmente dos meses de julho, quando fazia muito frio e eu ficava admirando o fogão à lenha, enquanto esperava a polenta esquentando na chapa.

Lembro-me das noites em que se acendia uma fogueira no terreiro e sentávamos ao redor. Eram noites de contemplação e silêncio, em que nós, os primos, nos olhávamos fascinados no bruxulear das sombras e claridade que o fogo trazia e que escondia e iluminava nossos rostos alternadamente.

E às vezes, de súbito, ouvia-se um estouro vindo do meio do fogaréu e miríades de pequeninos fogos chamuscavam o ar escuro. Era fascinante, lindo e ao mesmo tempo assustador. Algo explodia no meio das chamas. Lembro-me da gargalhada do meu pai com nosso susto.

Havia uma fogueira. E nós. O resto era escuridão.

O chicotear é explosivo, fascinante, lindo e assustador, como uma imensa fogueira que se prepara, se acende e, às vezes, a madeira demora a queimar, depois o fogo dança envolvendo todo o ar à sua volta e, por fim, vai arrefecendo, despedaçando-se na madeira virando brasa, estalando, desfazendo-se na brasa viva.

Nesses tempos da minha meninice, havia o costume de se pular fogueiras. Era uma sensação tremenda. Uma preparação na imobilidade, respirando fundo, mas já tremendo, num certo pavor de não conseguir. Então o tempo parava, fazia-se silêncio. De súbito, começava-se a correr para finalmente pular. E conseguir.

A percepção dos preparos que uma ação explosiva requer é o fundamento dessa dinâmica. Há nela uma imediatez que se manifesta aparentemente do nada. No entanto, pequenos e, até certo momento, invisíveis sinais vão se aglutinando até a manifestação final. É preciso que a pesquisa de cada uma das pessoas se atente a esse evoluir que pede acompanhamento, como quando a gente sabe que, depois da faísca que corre o céu em ziguezague, o estouro do trovão não deve demorar.

Como posso perceber o preparo invisível dos relâmpagos em mim? E como posso acompanhar esse ritmo de trovoadas e silêncios, ou muitos raios e trovões quase simultâneos explodindo em todas as direções que mal posso acompanhar, e dos quais não posso dar conta?

As respostas, vocês sabem, estão em cada um de vocês. "É preciso descer terra adentro", como dizia Vianninha[23]. Para achar esse

---

23 No poema "Somos Profissionais", Oduvaldo Vianna Filho, o Vianninha, escreveu: "não vamos agredir / agredir não é fácil, mas transfere responsabilidades / viemos aqui cumprir a nossa missão / a de artistas / não a de juízes de nosso tempo / a de investigadores / a de descobridores / ligar a natureza humana à natureza histórica / não estamos atrás de novidades / estamos atrás de descobertas / não somos profissionais do espanto / para achar a água é preciso descer terra adentro / encharcar-se no lodo / mas há os que preferem olhar os céus / esperar pelas chuvas" (*Rasga Coração*, p. 5, disponível em: <http://joinville.ifsc.edu.br/>).

fogo, é preciso cavar fundo, ir cavando e, de tempos em tempos, parar e esperar que os nossos céus interiores se encham das nuvens escuras que prenunciam fogo e espanto.

A explosão forte e intensa do chicotear nos desequilibra e depois harmoniza, e assim sucessivamente. Explode e recua, preparando nova explosão. Essa ação nasce do centro do nosso corpo, onde toda a energia se armazena, se distribui e redistribui sem parar. Fluxo e refluxo. Inspirar e Expirar.

Simples como uma tempestade de verão que desaba, mas minutos depois o céu se azula e o sol faz a água nas árvores brilhar durante muito tempo.

27

4 out

Vigésima Sétima Carta

Sacudir, ou a Leveza de Se Deixar Ir Para Todos os Lados em Loucas Ventanias

Pesquisamos o sacudir com especial atenção na leveza. Rápida e leve, mas indireta no uso do espaço, essa ação espalha-se em todas as direções como árvores com galhos esparramados numa enorme ventania.

As articulações do nosso corpo são chamadas a procurar diferentes direções em todos os planos do espaço, acima, abaixo, dos lados, na frente e atrás, passando pelas diagonais, cruzando em vários desenhos. Muito rápidos, os movimentos são como se tivéssemos mil olhos e precisássemos, com urgência, olhar tudo, estar em todos os lugares ao mesmo tempo.

O sacudir é uma dinâmica que facilmente leva à exaustão. É uma ação de renovação, de tirar o pó, jogar fora o que não queremos em nós. Hora de descabelar.

O sacudir pode começar de diferentes modos, a partir de diferentes partes do corpo. Sugeri a vocês que começassem por alguma extremidade de seu corpo e fosse deixando que o movimento se espalhasse até que não restasse nada imóvel.

É um pouco assustador! Sempre imagino como seria se alguém entrasse nessa hora para dar um recado e acabasse assistindo o que estamos fazendo. Ia pensar que, por engano, entrou num hospício.

Essa é uma dinâmica que começa, desenvolve-se, atinge um ápice e depois começa a declinar até parar completamente. Para recomeçar, se quisermos. Desenvolve-se em ciclos. E é extremamente cansativa.

Ela tem um caminho muito perceptível que pode ser acompanhado pelo participante sem problemas. E o cansaço que se segue é um esgotamento bom. "Parece que me passei a limpo", diz você na roda final, olhos brilhantes, rosto muito corado. "Veja a marca do meu corpo no chão". Sim, no chão para onde ele aponta há um "ele" feito de suor. Um ele perfeitamente desenhado.

28
11 out
Vigésima Oitava Carta
Deixando Que Nasçam Nossos Solos Finais

Durante todas as aulas nas quais experimentamos as dinâmicas, uma a uma, pudemos também examinar, na prática, como íamos construindo as passagens entre uma e outra, duas a duas ou três a três.

Investigar a passagem entre ações de esforço tão diferentes é como jogar jogos de chuva e sol, mar de ressaca e céu de brigadeiro, fome e saciedade, paz e desespero, sussurros e gritos. É como conduzir e ser conduzido, sentir o tempo infinito e o tempo sem tempo do que subitamente acontece.

Observar em sequências de ação e constatar como as mudanças vão se manifestando tanto interior quanto exteriormente, ou seja, como o que antes era apenas sensação quase invisível ia sendo desenhado nos espaços ao nosso redor e na direção das pessoas com as quais trabalhávamos, constituía a cada encontro uma aventura cujas palavras não davam conta de expressar.

Foi assim que imagens começaram a substituir as explicações, vieram relatos de infância, lembranças que estavam apagadas na passagem dos anos e que reviviam entre um gesto preciso e forte de um soco e a doçura sonhadora de um flutuar.

Se pensarmos nas oito ações básicas do esforço listadas por Laban e em sua insistência metodológica da busca de liberdade no trato com cada uma delas, temos aí uma pesquisa que se configura sem fim, algo realmente de potência infinita.

O estudo dos fatores do movimento e a atenção em como se manifestam nas passagens entre ações básicas, criando um tecido de nuances incomparável, dá ao intérprete a capacidade de experimentar novas situações e percepções, que ampliam não apenas seu repertório de movimentos, mas seu repertório vital de novas experiências.

E, como sempre, ausentes os critérios de certo e errado que marcam nossa educação desde crianças, os horizontes da pesquisa individual, realizada em grupo por meio de sucessivos e diversos estados de jogo, mostram-se desafiadoramente infinitos. Isso porque a cada dia somos outros, e as combinações experimentadas de novas formas também nos contam outras aventuras.

Por vezes, a ênfase da nossa atenção pode cair na energia utilizada a cada momento e nessa dança que acontece exteriormente/interiormente e que não cessa, mesmo quando cessa toda ação visível.

> para desencadear uma maior tensão nessa vigília espiritual, os senhores devem executar a cerimônia de maneira diferente da que vem sendo feita até agora, mais ou menos como dança um verdadeiro dançarino.
>
> Assim fazendo, os movimentos dos seus membros partirão daquele centro do qual surge a verdadeira respiração. Então, a cerimônia, ao invés de desenvolver-se como uma coisa aprendida de cor, parecerá criada segundo a inspiração do momento, de tal maneira que dança e dançarino sejam uma única e mesma coisa.[24]

Como é que se sabe se o que está dentro também é visto e se manifesta visivelmente? Como vocês sabem? O fato é que podem saber quando algo se manifesta, quando o corpo está encarnado nas ações interiores que podem vir de ideias, emoções, sensações as mais diversas.

Estar em estado de atenção.

Um eterno e ininterrupto perguntar (nem sempre obtendo respostas) marca a vida daquele que pesquisa. E esse estado de perguntador/pesquisador é a base da arte.

24 E. Herrigel, op. cit., p. 67.

A vida é fluxo ininterrupto até que o coração simplesmente deixe de bater. Enquanto isso não acontece, estamos em mudança contínua, e esse estado envolve nossas relações com o mundo que nos cerca, o concreto ou o mar, a cidade ou a mata e com aqueles que nos cercam – os que amamos e os que não amamos.

Sim, porque sabemos que o amor incondicional é a utopia que buscamos.

10 jan

Vigésima Nona Carta
A Importância das Avaliações Individuais e Presenciais, ou Afinal, o Que é Uma Avaliação em Corpo?

Acho que essa será minha última carta. Sinto isso. E sendo a 29ª, por acaso, lembrei-me dos meus tempos de colégio interno. Eu tinha onze anos, um número, uma saudade enorme de casa, dos meus pais e irmãos.

E eu era esse número: 29.

Esses quatro anos de internato numa escola de freiras, imensa, regrada, absolutamente limpa, com tudo sob controle, me ajudaram a ser quem sou, talvez um pouco ao contrário, pelo avesso.

Na época houve medo e dor, houve uma enorme solidão, sapatos pretos de sola grossa e um uniforme pesado e escuro, saias abaixo dos joelhos e camisas de manga longa, mesmo no calor ardente de Itu.

Uma espécie de vergonha do corpo nos era imposta sem palavras, do nosso corpo começando a desabrochar em pequenas curvas e pelos. Tão delicados eram nossos corpos adolescentes que precisávamos escondê-los sob as longas camisolas de dormir que iam até o chão e nas calças compridas de pijama que deveríamos usar por baixo delas.

Eu não tinha vergonha de nada, achava meu corpo tão bonito crescendo e se mostrando a cada dia outro. E me lembro de ter sido repreendida um dia por causa disso.

O silêncio no internato era precioso. E obrigatório. Passávamos longas horas sentadas lendo, quietas e falando com as irmãs, nossas professoras, apenas o necessário. Também fazíamos longas caminhadas pelo enorme pomar, sempre silenciosamente. Lembro até hoje do som das folhas secas, enquanto as pisava com aqueles sapatos horríveis, e do sol passando entre os galhos das jabuticabeiras, compondo desenhos dançantes no chão.

Hoje acredito ter sido fundamental minha educação nessa época: líamos, escrevíamos nossos diários nas demoradas tardes, tínhamos aulas de piano e canto coral.

Muito silêncio, muita contemplação da natureza, muita música, além de muito tempo livre para não fazer nada. Então esse lugar se parecia com o meu quintal, o quintal que eu amava, no qual me pendurava nos galhos das árvores mais altas e onde aprendi a dançar sob o olhar risonho e feliz da minha mãe. Ela conhecera também a liberdade de nascer e crescer na praia, de correr na areia e nadar ainda pequena, por isso sabia criar seus filhos soltos na natureza e protegidos ao mesmo tempo. Ela também tivera uma mãe com um olhar doce e cheio de compreensão que amava as crianças. E ela também havia sido interna num colégio de freiras francesas, quando seus pais foram conhecer a Europa de navio.

A contemplação da natureza e pequenos afazeres concretos, tais como arrumar a própria cama e lavar as peças de roupa íntima, sempre prestando muita atenção no próprio corpo e em suas ações, tanto em casa como no colégio, me trouxeram definitivamente para o zen-budismo sem que eu soubesse e para a meditação como forma de vida.

Conheci por acaso a filosofia budista, que se tornaria meu caminho nessa vida, no ano de 1987, ao ser convidada para fazer o trabalho de corpo num espetáculo chamado Bardo, no Teatro de Arena, com direção geral de Wanderley Martins.

Para realizar esse trabalho, li um livro extraordinário e assustador chamado *Bardo Thödol, o Livro Tibetano dos Mortos*, pois trabalhamos a partir dele na criação do espetáculo e das partituras corporais dos atores. Em momentos difíceis, ele ainda me ajuda a viver, pensar a vida e seguir adiante.

Mais que uma intensa pesquisa em artes, esse conhecimento tornou-se um dos pilares da minha trajetória de vida. O budismo e a busca pela compaixão, empatia e pelo sentimento de união com todos os seres vivos têm me auxiliado na minha caminhada ao longo de todos esses anos e também quando me encontro com cada um de vocês e posso conversar não só corporal e vocalmente, mas de alma a alma. É o que fazemos, não é? Pesquisamos sem julgamentos, procurando juntos o caminho tão individual da criação artística. Como diz o Tao, buscamos o caminho do meio, o que relaciona mundo interior/espiritual e invisível e mundo exterior/material formalmente visível.

Talvez esse seja o segredo das duas avaliações que fizemos neste ano: a primeira, um encontro, dois meses depois do trabalho prático; a segunda, ao final do curso depois das apresentações dos solos.

Olhos nos olhos, esperamos que venham as perguntas, que as perguntas nasçam de um eu para o outro, as constatações, as dúvidas, uma lembrança, um momento de alguma aula, um jogo casual, alguma conclusão, se for possível. Lembramos cada caminhar, pistas deixadas, detalhes que se tornam de repente novos e importantes quando revistos.

As avaliações são como uma viagem sem itinerário previsto. São encontros mais ou menos intensos, mais ou menos profundos. Variam em paisagens e mares revoltos, ou lagos onde a ausência de vento os deixa planos como espelhos. Podem ser mais longas ou rápidas, como uma rajada de vento que bate todas as portas e janelas da casa de uma só vez.

Isso todos conhecemos. Essa extrema e delicada conversa de verdade (ou mais ou menos de verdade) entre duas pessoas. Da primeira avaliação para a última, alguns meses nos separam. A primeira no início do outono, a outra na chegada do verão.

Somos outros nesse fluxo ininterrupto, nesses rodopios por onde somos levados e nos levamos, por onde a lua, as sementes sob a terra ou a mudança das marés nos carrega como se girássemos lenta ou loucamente. Lembram-se dos giros dos dervixes? Então...

E nós outros/outras nos olhamos muito mais profunda e atentamente porque sabemos. Algumas vezes nem é preciso falar. Outras vezes as palavras rompem delicadamente o silêncio como um pequeno riacho deslizando nas montanhas. Ou despencam desesperadas em cachoeiras, lindas, doidas pelo fato de se viver, de a vida ser assim como é, tão imprevisível e ardente, tão intensa.

Disso sabemos nós. Das luas, das marés, dos ventos, do sol e das nuvens e de nossos corpos tão outros, tão eles mesmos como são em suas próprias e tão diversas naturezas.

Não sei mais falar de outro modo. O fato é que tudo vai sendo traduzido nos solos que pedi que preparassem a partir de três dinâmicas escolhidas ao acaso.

E vocês me perguntaram enquanto combinávamos: "Só três?"

E eu apenas olhei vocês e, depois de um tempo, sorrimos. "Três ou quatro ou cinco... Ah! Essas perguntas não combinam com o verão", disse eu. "Que preguiça!" Então vocês riram. E eu senti por vocês uma ternura imensa.

Arrisquem-se. Ousem! Não percam a oportunidade de passar pelos galhos altos de uma árvore alta sentindo um pouco de medo, ou muito medo! Essa travessia será inesquecível.

Simplesmente usem seus, no máximo, cinco minutos e surpreendam-se/surpreendam-nos com um exercício de composição e improviso em plena liberdade.

Por que só cinco minutos? Porque não é preciso mais. E porque somos muitos e o tempo é implacável. Infelizmente.

Lembrei agora de você, no último dia de aula, com seu rosto tão lindo me pedindo: "Escreva aqui a frase que você disse, mas com a sua letra".

Eu perguntei: "Por quê?" E você, sorrindo: "Eu vou tatuar no meu braço".

Silêncio.

Mesmo que você nunca faça isso, já vejo a tatuagem pequena iluminando sua vida. E a minha. Inesquecível.

E, muda de emoção, também me ilumino como criança. E escrevo.

A frase é: "A arte salva".

Verão, um anos depois.

Referências

AZEVEDO, Sônia Machado de. *O Papel do Corpo no Corpo do Ator*. São Paulo: Perspectiva, 2002.

BERTHERAT, Thérèse. *As Estações do Corpo*. São Paulo: Martins Fontes, 1986.

CAVALCANTI, Cybele; CORDEIRO, Analivia; HOMBURGER, Claúdia. *Método Laban*. São Paulo: Labanart, 1989.

DAHMER, André. *A Coragem do Primeiro Pássaro*. São Paulo: Lote 42, 2015.

EISELEY, Loren. *A Imensa Jornada*. Tradução Aldo Della Nina. São Paulo: Cultrix, 1964.

HERRIGEL, Eugen. *A Arte Cavalheiresca do Arqueiro Zen*. São Paulo: Pensamento, 1975.

LABAN, Rudolf. *Domínio do Movimento*. São Paulo: Summus, 1978.

LOWENFELD, Victor; BRITTAIN, W. Lambert. *Desenvolvimento da Capacidade Criadora*. São Paulo: Mestre Jou, 1977.

PLÁ, Daniel. *Sobre Cavalgar o Vento: Contribuições da Meditação Budista no Processo de Formação do Ator*. Tese (Doutorado em Artes), Unicamp, Campinas, 2012.

STANISLÁVSKI, Constantin. *A Preparação do Ator*. São Paulo: Civilização Brasileira, 1994.

VIANNA FILHO, Oduvaldo. *Rasga Coração*. Coleção Vianninha Digital, v. 19. Disponível em: <http://joinville.ifsc.edu.br/>. Acesso em: 29 jun. 2020.

WINNICOTT, Donald Woods. *O Brincar e a Realidade*. Rio de Janeiro: Imago, 1975.

Este livro foi impresso na cidade de Cotia,
nas oficinas da Meta Brasil, em setembro de 2020,
para a Editora Perspectiva